NOTICE

SUR LA

SOCIÉTÉ DE CHARITÉ MATERNELLE

DE DIJON

Par A. CORNEREAU

Trésorier de la Société
Membre de l'Académie de Dijon

DIJON
DARANTIERE, IMPRIMEUR DE L'ACADÉMIE
65, RUE CHABOT-CHARNY, 65

--

1900

NOTICE

SOCIÉTÉ DE CHARITÉ MATERNELLE

DE DIJON

Extrait du tome VII, 4ᵉ série, des Mémoires de l'Académie de Dijon.

NOTICE

SUR LA

SOCIÉTÉ DE CHARITÉ MATERNELLE

DE DIJON

Par A. CORNEREAU

Trésorier de la Société

Membre de l'Académie de Dijon

DIJON

DARANTIERE, IMPRIMEUR DE L'ACADÉMIE

65, RUE CHABOT-CHARNY, 65

—

1900

NOTICE

SUR LA

Société de Charité Maternelle

DE DIJON

Les institutions charitables, philanthropiques
ou humanitaires sont très nombreuses en France.
Leur action, toujours utile, s'exerce des façons les
plus diverses et leur importance est proportionnée
à l'étendue plus ou moins grande de leurs ressources.

Toutes, quelle que soit leur dénomination, bu-
reaux de bienfaisance, hospices, patronages, or-
phelinats, asiles, ouvroirs, sociétés d'assistance,
ont pour but de venir en aide, soit par des secours
matériels, soit en leur procurant un abri ou des
moyens d'existence, aux indigents et à tous ceux
que la maladie, le manque de travail ou toute
autre cause mettent momentanément dans la gêne
et dans l'obligation de recourir à la charité publique ou privée.

Parmi ces institutions, les plus nécessaires sont
sans contredit celles qui ont pour objet de protéger les enfants du premier âge et de diminuer la
mortalité souvent considérable qui sévit parmi eux.

Elles touchent en effet de très près à une question qui, depuis longtemps et à juste titre, préoccupe tous ceux qui s'intéressent à l'avenir du pays. Les secours accordés pour les enfants nouveau-nés ont pour premier résultat de combattre la dépopulation de la France qui semble augmenter de plus en plus.

Tandis qu'en France l'augmentation annuelle de la population n'a été en moyenne, pendant la dernière période décennale, que de 29.000 individus et paraît toujours s'abaisser, elle est aujourd'hui de plus de 700.000 en Allemagne. En 1896, il y a eu 816.000 naissances de plus que de décès : 1.000 mariages donnent en Allemagne 270 enfants, tandis qu'ils n'en donnent en France que 163. Le nombre des mariages est en outre plus faible en France qu'en Allemagne. Sur 100 personnes en situation de se marier, la statistique ne relève pour la France que 45 mariages contre 53 en Allemagne. Il n'est que trop facile de pressentir dans ces conditions ce que sera la situation respective des deux pays dans vingt-cinq ou trente ans. (G. Blondel, *L'Essor industriel et commercial du peuple allemand.*)

Les crèches, les sociétés de charité maternelle, sans pouvoir remédier complètement au danger souvent signalé, peuvent tout au moins contribuer à l'atténuer dans une certaine mesure.

Le gouvernement l'a bien compris et dans une circulaire adressée aux préfets, le 3 mai 1883, le ministre de l'intérieur leur recommandait de favoriser le plus possible leur développement, en

faisant remarquer que la subvention destinée aux
enfants du premier âge avait été portée de 126.000
à 146.000 francs. Mais c'est surtout, ajoutait le
ministre, aux administrations départementales
et communales qu'il appartient d'aider à la réali-
sation des vœux émis par le Comité supérieur de
protection des enfants du premier âge : il importe
que leur concours soit donné dans la mesure la
plus large possible, afin d'amener la création de
sociétés de charité maternelle et de crèches dans
les centres de population où il ne s'en trouve pas
encore et d'agrandir la puissance d'action des institutions déjà existantes.

C'est pour ces motifs qu'il nous a paru interes-
sant de faire connaître ce qu'est la Société de charité maternelle fondée à Dijon depuis près d'un
siècle : elle a rendu beaucoup de services, mais
elle en rendrait plus encore si les sociétaires étaient
plus nombreuses et surtout si les secours alloués
pouvaient, à raison de leur plus grande importance, être répartis sur une période de temps plus
longue et permettre de surveiller pendant plus
longtemps les enfants nouveau-nés.

Dans le courant de l'année 1786, une dame charitable Mme de Fougeret (1), frappée du grand nombre d'enfants légitimes exposés chaque année à l'hospice des enfants trouvés, forma le projet, avec plusieurs de ses amies, de fonder à Paris une association de bienfaisance destinée à protéger ces enfants nouveau-nés et à les préserver de l'abandon de leurs parents et de tous les maux qu'entraine la privation de secours dans les premiers instants de la naissance.

Fondée sous le nom de *Charité maternelle*, cette association ne devait compter à son début que sur les dons et les aumônes de tous ceux que les fondatrices réussiraient à intéresser au but charitable et humanitaire qu'elles poursuivaient; mais ce but, digne d'éloges à tous égards, ne pouvait être atteint, qu'autant que des souscriptions viendraient, nombreuses et abondantes, créer annuellement à la nouvelle société des ressources certaines et durables.

A cette époque, la misère était grande dans la population ouvrière de Paris ; la naissance d'un enfant dans une famille pauvre était presque toujours la cause d'une aggravation de gêne ; ses parents n'hésitaient pas à l'abandonner, aussi les registres de l'hospice des enfants trouvés et de l'Hôtel-Dieu permettent de constater que 1.200 à 1.400 enfants légitimes étaient exposés chaque année.

Ces abandons, qui occasionnaient aux hospices un surcroît de dépense considérable, avaient des inconvénients beaucoup plus graves. Les enfants exposés perdaient presque toujours leur état d'enfants légitimes et contractaient, dans les hôpitaux où ils étaient entassés, les germes de maladies que le défaut d'hygiène rendait bien vite mortels.

Souvent aussi, des mères de famille, bien convaincues qu'elles avaient le devoir, malgré leur détresse, de ne pas abandonner leurs enfants, entraient à l'hôpital au moment de leurs couches afin d'y être soignées gratuitement, mais la contagion que la médecine moderne, malgré ses immenses progrès, n'a pu éviter complètement, venait aggraver le mal : ce n'était pas seulement l'enfant, c'était aussi la mère qui succombait, laissant peut-être après elle d'autres enfants plus âgés et sans ressources.

L'humanité devait chercher à diminuer les causes de ces décès ; la charité pouvait seule tenter l'entreprise en procurant aux mères les secours nécessaires pour leur permettre de conserver leurs enfants et de les allaiter elles-mêmes, car le placement des nouveau-nés en nourrice, lorsque leurs mères ne pouvaient les nourrir elles-mêmes, était une des principales causes de mortalité.

Pour porter remède à tous ces dangers, Mme de Fougeret fonda une association privée ne se composant, à son début, que de quelques dames dévouées comme elle au soulagement des malheureux.

Libre et indépendante, elle n'avait aucun des avantages accordés aux établissements reconnus par l'État ; elle ne pouvait ni posséder, ni acquérir, ses ressources étaient très restreintes et cependant, elle répondait à un besoin réel, car il n'existait alors à Paris, ni hôpitaux, ni fondations pour les enfants légitimes des pauvres.

Un premier projet inséré dans les journaux de l'époque fit connaître la nature et la quantité des aumônes nécessaires pour atteindre le but que les fondatrices s'étaient proposé, en même temps qu'il faisait appel à la charité de tous.

Pour inspirer la confiance au public, on fit connaître le règlement provisoire et les comptes rendus des premières opérations : on provoqua les conseils et les critiques.

Bientôt, la composition de la société, ses principes, l'importance de ses motifs lui attirèrent les bienfaits de la reine, un grand nombre d'associés et les secours du gouvernement qui crut devoir la protéger et l'étendre.

Au mois de mai 1788, la reine Marie-Antoinette, non contente de témoigner par ses dons tout l'intérêt qu'elle portait à la nouvelle société, s'en déclara protectrice : un règlement préparé sous sa direction et arrêté définitivement au mois de février 1789, détermina la composition de la Société, son mode d'administration et son but (2).

Composée de souscripteurs et bienfaiteurs de tout âge, de tout sexe et de toutes conditions, elle était administrée par des dames dites *Bienfaitrices* ; leurs offrandes, laissées à leur appréciation et toujours secrètes, étaient versées par elles dans un tronc placé dans la salle de réunion.

Pour faire partie des *Bienfaitrices*, il fallait être

présentée par une autre dame déjà reçue et soumise
à un vote d'acceptation ou de refus.

Parmi elles étaient choisies la présidente, la vice-
présidente et la secrétaire qui s'adjoignaient un trésorier.

Ces dames partageaient entre elles tous les quartiers de Paris sous la dénomination de départements,
de sorte que chacune d'elles connaissait le lieu déterminé de son travail et de son inspection.

La présidente, la secrétaire, le trésorier et une
dame de chaque département se réunissaient en
comité chaque semaine : le conseil d'administration
n'était convoqué qu'une fois par mois.

Chacune des dames devait visiter elle-même les
mères qui demandaient les secours, faire une enquête très minutieuse sur leur situation pécuniaire
et leur conduite, avant de les proposer au comité,
et si leur admission était prononcée, surveiller pendant deux ans après leur naissance les enfants pour
lesquels les secours avaient été demandés.

Ces secours devaient, en effet, être répartis sur
une période de deux ans. Tous les enfants étaient
traités de même et il n'était permis de prononcer
l'admission d'une mère de famille, qu'autant qu'il y
avait en caisse la somme suffisante pour assurer les
deux années de secours.

Ils consistaient en 18 livres données à la mère pendant ses couches, une layette fixée au prix de 20
livres : pour l'enfant 8 livres par mois depuis sa naissance jusqu'à un an accompli : quatre livres par mois
depuis un an jusqu'à deux et une première robe du
prix de 10 livres, soit au total 192 livres (3). Ces se-

cours étaient doublés si une mère avait deux jumeaux : ils étaient supprimés si l'enfant venait à mourir avant deux ans ou si la mère ne remplissait pas les conditions qui lui avaient été imposées.

Le conseil d'administration ne devait prononcer des admissions qu'autant que le trésorier déclarait avoir en caisse 12.000 livres disponibles. Cette somme était divisée en 60 parts de 192 livres formant un chiffre de 11 520 livres : la différence, soit 480 livres, était réservée pour les couches doubles.

Ces 60 parts étaient partagées entre tous les départements, proportionnellement à leur étendue et au nombre de pauvres qu'ils comprenaient : les dames administrantes ne pouvaient présenter pour chaque département qu'autant de mères qu'il leur avait été alloué de parts de 192 livres.

Les ressources de la Société ne lui avaient pas permis de donner davantage, mais la reine, pensant que dans certains cas, ces secours étaient insuffisants, donna les sommes nécessaires pour les continuer jusqu'à trois ans pour les enfants nés sixièmes et dont les aînés étaient en bas âge, pour les orphelins et pour les jumeaux s'ils étaient nourris par leur mère (4).

Le trésorier devait tenir un compte pour chaque enfant pendant toute la durée des secours · les dames visitantes faisaient de même, et dans chaque département une dame était chargée de centraliser les comptes de tous les enfants qui en dépendaient.

Pour être admise, une femme devait avoir déjà trois enfants en bas âge si son mari était en état de travailler, deux si elle avait été abandonnée

par lui, mais après qu'une enquête minutieuse avait
démontré que cet abandon ne provenait pas de la
mauvaise conduite de la femme et un seulement si
elle était devenue veuve pendant sa grossesse ou si
son mari était estropié et incapable de travailler.

Elle devait justifier qu'elle était domiciliée à Paris
depuis un an au moins, présenter un extrait de mariage et de bons certificats de la paroisse, des voisins et du principal locataire, et s'engager à nourrir
elle-même son enfant ou à l'élever au lait auprès
d'elle si elle ne pouvait l'allaiter.

« Cette condition est la première base des prin-
« cipes de la *Charité maternelle*. Elle veut, en pro-
« tégeant l'enfance, resserrer les liens des familles,
« attacher les mères à leurs devoirs, les forcer de
« rester dans leur intérieur et par là, les préserver
« de tous les désordres et de la mendicité qui est
« une cause absolue d'exclusion. Pour maintenir ce
« principe, les mères qui étaient rencontrées men-
« diant et celles qui, sans la participation de la so-
« ciété, mettaient leurs enfants en nourrice, perdaient
« les secours qui leur avaient été promis. (Rapport
« à l'Assemblée nationale, 1790.) »

En fondant la *Charité maternelle*, Mme de Fougeret
et ses amies avaient compté sur la générosité de
tous ceux qui ne pouvaient rester indifférents au
sort des nombreux enfants qu'elle était appelée à
secourir : le relevé des opérations de la Société
prouve que l'appel adressé à la charité publique avait
été entendu de tous.

Du 1er mai 1788 au 1er janvier 1789, 156 femmes
ayant eu 162 enfants, reçurent 20.267 livres : dans

l'année 1789, 588 femmes furent admises aux secours
pour 595 enfants et il leur fut alloué 77.381 livres ;
du 1er janvier au 2 juillet 1790, 230 femmes reçurent
13.409 livres pour 234 enfants.

Ainsi, dans l'espace d'un peu plus de deux ans,
la nouvelle société avait secouru 974 mères de famille, 991 enfants et dépensé pour eux 147.037 livres.

Un tel résultat, bien fait pour encourager les pro-
moteurs de l'œuvre, devait attirer l'attention de l'Assemblée nationale : par un décret du mois de juin
1790, elle chargea son comité de mendicité de lui
faire un rapport détaillé sur l'association et de lui
rendre compte de son fonctionnement, de ses ressources et des résultats qu'elle avait obtenus.

Le rapporteur ne pouvait qu'en faire l'éloge. L'association de la Charité maternelle, dit-il, est une de
celles que la nation doit désirer de voir le plus se
multiplier : son intention respectable, les sentiments
naturels et sacrés qu'elle réveille, lui assurent un
grand nombre d'imitateurs. Et pour montrer l'importance de son influence sur les mœurs et la conservation de l'espèce humaine il ajoute : ce sont des
enfants dénués de tout secours, dont la charité conserve la vie et des mères qu'elle attache à leur devoir, à leur intérieur, à leur famille, des pères dont
elle sollicite l'industrie et l'activité pour élever ces
nombreuses familles qui deviennent par elle l'objet
de l'intérêt public. Combien la *Charité maternelle*,
depuis qu'elle parcourt ces classes malheureuses,
n'a-t-elle pas réuni de ménages dont la misère avait
brisé les liens ! Combien d'unions scandaleuses devenues légitimes ! Enfin combien de mères repen-

tantes du sacrifice qu'elles avaient fait de leurs premiers enfants, aidées et encouragées par les dames
de la *Charité maternelle*, ont restitué à ces enfants
rejetés leur état et leur famille.

Au point de vue de la conservation, la Société
empêche les femmes mariées d'aller faire leurs couches à l'Hôtel-Dieu et les préserve de la contagion
de cet hôpital : on sait combien sur 1.000 femmes en
couches il en périt à l'Hôtel-Dieu : la *Charité maternelle* en a assisté près de 1.000 depuis son établissement et il n'en est mort que deux en couches. Elle
a surveillé les premiers instants de la vie de près de
1.000 enfants et par le relevé de ses registres on
vérifiera que la perte qui s'est faite dans la première
année de leur vie ne s'élève qu'à un cinquième environ : quel désolant contraste offriraient les registres de l'hôpital des enfants trouvés ! Mais ce n'est
pas seulement avec eux qu'il faut comparer les
résultats de la *Charité maternelle* : qu'on se fasse
représenter les registres des *meneurs* du bureau
des nourrices. Indépendamment des maux que les
enfants de Paris portent dans les campagnes, on
trouvera certainement qu'il en périt plus d'un cinquième dans la première année.

Ainsi la *Charité maternelle* porte, dans l'intérieur
des familles, l'amour de l'ordre, du travail, des devoirs et l'union des ménages : elle restitue à l'État
les mères, précieuses comme mères de familles et
un nombre prodigieux d'enfants : elle emploie pour
cela le travail et la contribution du riche qu'elle
rapproche perpétuellement du pauvre : elle fait pra-
tiquer à l'un ce que l'amour de ses frères malheu-

reux peut seul inspirer : elle porte chez l'autre les
mœurs douces et vertueuses de ses consolations.

Sous ce style un peu emphatique, assez en usage
à l'époque où écrivait l'auteur du rapport, on trouve
son véritable sentiment; il considérait la *Charité
maternelle* comme une œuvre essentiellement utile,
aussi terminait-il en demandant à l'Assemblée nationale de voter une subvention importante d'autant
plus nécessaire, dit-il, que les circonstances politi-
ques éloignent de Paris un nombre considérable de
personnes riches et réduisent les ressources ordinaires de la Société, quand cependant ses besoins
augmentent.

Un décret du 20 janvier 1791 décida que la somme
de 24.000 livres accordée par le roi à la Société sur
les fonds de la loterie royale pour l'année 1789, lui
serait continuée jusqu'à ce qu'il en soit autrement
ordonné. En outre, et à raison des besoins plus ur-
gents que faisait naître la rigueur de l'hiver, la reine
chargea la Société de distribuer à ses frais à 300 mères,
depuis la fin de décembre jusqu'à celle de mars, des
layettes et secours de couches : aucune autre condition que la plus grande indigence n'était prescrite,
mais le choix devait se porter de préférence sur les
mères qui nourriraient leurs enfants, afin de se
conformer autant que possible au vœu de la *Charité
maternelle*. Ces 300 mères devaient être secourues
en outre de celles que la Société pourrait admettre
avec ses ressources ordinaires.

La gravité des événements qui se succédaient en
France n'arrêta point tout d'abord le fonctionnement
de la Société, des secours furent distribués jusqu'au

2.

12 nivôse an 11 (1er janvier 1794) : le compte-rendu
de l'année 1793, permet de constater que dans le
courant de cette année il fut alloué une somme de
59.400 francs à 325 femmes, mais le régime de la
Terreur qui désolait la France devait fatalement
faire disparaître cette société qui avait rendu de si
grands services comme on peut le constater par l'état
récapitulatif des admissions prononcées :

En 1788,	156 mères	162	enfants
En 1789,	588 —	595	—
En 1790,	300 —	310	—
En 1791,	353 --	356	--
En 1792,	385 —	387	—
En 1793,	325 --	328	—

Soit au total 2107 mères 2138 enfants

Pendant ces six années, la Société avait reçu :

En 1788	. . . . .	26.267 livres
En 1789	. . . . .	77.192 —
En 1790	. . . . .	46.305 —
En 1791	. . . . .	50.313 —
En 1792	. . . . .	62.315
En 1791	. . . . .	38.411 --

Soit au total . . . . . 300.883 livres

Sur cette somme, et au moment où la société
disparaissait, emportée par la tourmente révolutionnaire, 257.241 livres étaient déjà dépensées, et 43.642
étaient engagées pour les secours à continuer.

Reconstituée en 1801 sur les mêmes bases et avec
les débris de l'ancienne, la nouvelle Société, grâce
au zèle et à l'activité des dames qui en faisaient par-

tie, arriva bien vite à fonctionner comme par le passé, mais les ressources restreintes dont elle disposait ne lui permettaient pas de donner des secours aussi élevés qu'autrefois (5).

Conformément à une règle précédemment établie sur l'inspiration de Mme de Fougeret, il fut décidé qu'aucune admission ne serait prononcée, qu'autant que le trésorier déclarerait avoir en caisse 6.400 fr. disponibles. Cette somme était alors divisée en 50 parts de 128 francs que l'on attribuait aux douze arrondissements proportionnellement à leur population.

Le comité se composait alors de Mmes de Béthune, présidente, Eugène de Montmorency et Dupont de Nemours, vice-présidentes, Pastoret (6), secrétaire et de M. Grivel, trésorier : ce comité resta en fonctions jusqu'au mois de janvier 1810, époque à laquelle Mmes de Béthune et de Montmorency donnèrent leur démission, motivée peut-être par les projets de ré-organisation de l'empereur.

Les services rendus par la société avaient en effet attiré son attention et sur sa demande le comte Regnaud de Saint-Jean-d'Angely (7) lui adressa un rapport sur la société, sa composition, son mode d'administration, le montant des secours qu'elle distribuait et le chiffre probable de la dépense si l'on voulait étendre les secours aux femmes n'ayant que deux enfants, tandis que jusqu'alors on n'admettait que celles en ayant trois au moins, sauf cependant si elles étaient infirmes ou devenues veuves pendant leur grossesse.

A la suite de ce rapport, une commission compo-

sée de MM. Treilhard (8), de Fermon (9) et Regnaud
de Saint-Jean-d'Angely, rédigea un projet de décret
organisant la société, comme si elle n'existait pas
(Voir pièces annexes n° 1) ; un autre projet se bor-
nait à confirmer la société existante et à approuver
ses statuts (Voir pièces annexes n° 2), mais il est
probable que ni le premier, ni le second projet ne
furent mis à exécution.

L'empereur voyant en effet le bien que pouvait
faire cette institution, si elle sortait du cercle où
jusqu'à ce jour elle s'était renfermée, conçut la pensée de l'étendre à ses quarante-quatre bonnes villes
de l'empire et crut ne pouvoir mieux en assurer
l'existence, qu'en lui faisant une dotation de 500,000 fr.
et en la plaçant sous la protection de l'impératrice
Marie-Louise.

Le décret daté d'Anvers, le 5 mai 1810 (Voir pièces annexes, n° 3), en lui donnant une existence of-
ficielle, établit les règles à suivre pour la formation
des listes de souscription et l'organisation des comités départementaux.

Le 14 août suivant, le prince archi-chancelier (10),
le prince vice-connétable (11), le grand aumônier (12), le grand maréchal (13), le comte Regnaud
de Saint-Jean-d'Angély et le comte Frochot (14)
réunis en un conseil spécialement convoqué à cet
effet, furent chargés de prendre les mesures nécessaires pour assurer la mise en activité de la société
et le commencement de ses travaux.

Ce conseil devait décider de quelle manière les
listes de souscription seraient présentées à l'impératrice, comment elle les recevrait, à qui elle les

remettrait, comment se feraient ses choix, par quels
actes et quelle serait la formule de ces actes.

Il devait préparer des projets de décrets destinés
à compléter l'organisation générale (Voir pièces
annexes, n° 4) et à constituer les conseils d'administration dans les départements (Voir pièces annexes,
n° 5) ; enfin il devait dresser une première liste de
250 personnes, en ayant soin de choisir tout ce qu'il
y aurait de mieux parmi les souscriptions déjà
connues (15).

Le conseil général nommé d'après cette liste se
trouverait en état de commencer ses opérations dès
que l'impératrice aurait désigné deux des quatre
vice-présidentes, le trésorier général et les trois conseillers du comité d'administration. Son premier
soin devait être de fixer le mode de distribution des
secours et de préparer la rédaction de statuts réglementaires.

Conformément aux décisions prises au conseil du
14 août, la première liste de souscription fut présentée au visa de l'impératrice le 20 du même mois,
avec le cérémonial arrêté par l'empereur lui-même,
et rédigé sous sa dictée par le duc de Frioul (16).

A la suite de cette cérémonie, le grand aumônier
fut chargé de faire insérer un compte-rendu au
Moniteur et de prévenir les dames comprises dans
la première liste, que leur nomination avait été
agréée par l'impératrice et qu'elles recevraient ultérieurement leur brevet.

Le décret d'organisation des conseils départementaux ayant été signé le 19 décembre 1810, la société
était définitivement constituée : elle commença im-

médiatement ses travaux tout en préparant la rédaction d'un règlement ; il donna probablement lieu à de longues discussions, car ce n'est qu'à la séance du 22 février 1811 que la rédaction définitive fut arrêtée.

Pour être appliqué, ce règlement devait être approuvé par l'empereur ; il ne le fut que plusieurs mois après par décret signé à Saint-Cloud, le 25 juillet 1811 (Voir pièces annexes, n° 6).

Afin de conserver le souvenir de la société qui venait d'être reconstituée et à raison de l'importance que lui accordait le gouvernement impérial, deux artistes, David et Monnet (17) eurent la pensée de composer une gravure destinée aux dames membres de la société.

Un prospectus répandu dans le public en donne ainsi la description : elle représente le lieu où se tiennent les assemblées de la société : c'est un salon d'une superbe ordonnance, soutenu par des colonnes du marbre le plus rare et orné des statues de la Charité et de la Bienfaisance.

S. M. l'impératrice est assise sur un trône ; elle est accompagnée de Mme la duchesse de Montebello (18), dame d'honneur et de Mme la comtesse de Luçay (19), dame d'atours. A côté de S. M. l'impératrice on voit le prince impérial, roi de Rome, soutenu par Mme la comtesse de Montesquiou, gouvernante des enfants de France (20).

S. A. éminentissime le cardinal Fechs (21), grand aumônier, archevêque de Lyon et secrétaire général de la société, lit à S. M. des rapports qu'elle écoute avec le plus vif intérêt.

Mmes les vice-présidentes, dignitaires et dames du conseil général, qui occupent diverses places selon leurs titres dans la société, ont toutes les yeux fixés sur S. M. et observent les différentes sensations qu'elle éprouve à l'énumération des secours que la société accorde aux malheureuses mères de famille.

Sur le premier plan, S. E. M. le comte Dejean (22), trésorier général de la société, est occupé à chercher dans un portefeuille les comptes qu'il doit lui présenter.

S. A. S. le prince archichancelier (23) de l'empire, M. le comte de la Place (24), chancelier du Sénat et M. de la Rochefoucault-Liancourt (25), conseillers de la société, paraissent donner toute leur attention à la lecture des rapports.

Ce noble et touchant sujet est orné d'une bordure gravée au bas de laquelle est un bas-relief qui montre un groupe de petits enfants offrant à la Bienfaisance des guirlandes de fleurs et levant les yeux au ciel comme pour implorer sur elle les bénédictions divines.

Près de la Bienfaisance, un de ces enfants tient une banderole sur laquelle sera inscrit le nom de la dame de la société qui aura souscrit pour cette gravure.

Cette gravure, uniquement consacrée aux dames qui composent la Société maternelle, ne sera point vendue pour passer dans le commerce : elle offrira après les portraits de S. M. l'impératrice et du roi de Rome, ceux que la distribution des groupes permettra d'y placer.

Le prospectus se terminait par l'indication du

prix, 20 fr. avec la lettre, 40 fr. avant la lettre et l'invitation à souscrire chez l'auteur David, graveur d'histoire, rue de Corneille, 3, près l'Odéon.

Aussitôt après la publication au Bulletin des lois du décret du 5 mai 1810, les préfets s'étaient empressés de prendre les mesures nécessaires pour recueillir des souscriptions.

Par une circulaire adressée le 7 juillet aux sous-préfets et maires de Dijon, Beaune, Semur, Châtillon, Auxonne, Saint-Jean-de-Losne, Seurre, Nuits, Selongey, Is-sur-Tille, Arnay, Nolay, Saulieu et Montbard, le préfet de la Côte-d'Or les invitait à ouvrir de suite un registre destiné à recueillir les souscriptions ; en même temps il leur demandait de lui adresser une notice indiquant les noms des dames qui souscrivaient, si elles étaient femmes, filles ou veuves, quels étaient leur âge, la position de leurs maris ou de leurs pères, la considération dont elles jouissaient, leur fortune et leur conduite.

Le chiffre de 500 fr. fixé pour la souscription devait arrêter bien des bonnes volontés ; le préfet le constata bien vite, aussi dans une lettre adressée par lui au ministre de l'intérieur, le 15 juillet 1810, et en lui donnant les noms des premiers souscripteurs, il lui fait connaître que l'on obtiendrait un bien meilleur résultat en abaissant le chiffre de la souscription trop élevé pour la province.

Cette observation, bien juste cependant, ne semble pas avoir été prise en sérieuse considération : ce n'est en effet que bien plus tard, que le cardinal Fesch, secrétaire général de la société, par une lettre adressée au préfet, le 10 septembre 1811, lui fait connaître, à propos de la formation d'une seconde liste de 500 dames, que celles qui donneront moins de 500 fr. pourront cependant faire partie de la société si leur dévouement et leurs qualités éminentes compensent la modicité de leur offrande pécuniaire.

Malgré le chiffre élevé de la souscription, le préfet avait pu réunir un nombre de sociétaires suffisant pour permettre de constituer à Dijon un conseil d'administration provisoire (26), aussi par une lettre du 25 août 1811, le cardinal Fesch l'invitait à réunir les dames ayant souscrit, en ajoutant que si les ressources étaient insuffisantes, le comité central pourrait allouer un premier secours ; il l'autorisait en outre à adjoindre aux sociétaires les personnes qui, bien que n'ayant pas souscrit, pourraient, par leurs conseils et leurs soins, contribuer au soulagement des malheureux.

Constituée conformément aux décrets des 5 mai 1810 et 25 juillet 1811, la Société de Charité maternelle de Dijon tint sa première séance le dimanche 8 décembre 1811 (27), dans le salon de la Préfecture et sous la présidence de M. Lecouteulx (28), préfet du département.

Son premier soin fut de nommer un secrétaire et un trésorier qui devait recueillir de suite les souscriptions promises afin de permettre les premières distributions de secours.

M. Jacquinot (29), avocat général à la Cour, nommé trésorier, dut résigner ces fonctions sans les avoir exercées, à raison de sa nomination en qualité de procureur général à la Cour de la Haye. Il fut remplacé, le 18 décembre, par M. le marquis d'Agrain (30), maire de Bressey.

M. de Saint-Seine (31), nommé secrétaire, n'ayant pas accepté, fut remplacé le 5 février par M. Hernoux (32), premier adjoint, qui, démissionnaire le 11 avril 1812, eut comme successeur M. Amanton (33), conseiller de préfecture.

Le 9 mai 1812, sur la proposition de M. Petitot (34), conseiller de préfecture, présidant la séance comme préfet intérimaire et en vertu des instructions envoyées de Paris par le secrétaire général de la société (Voir pièces annexes, n° 7), le conseil d'administration fut définitivement constitué.

Il était composé de :

Mmes Ranfer de Bretenières, présidente (35) ;
La marquise Pradier d'Agrain (36) ;
Lejeas-Damotte (37) ;
Dubard (38) ;
La comtesse d'Esterno (39) :
La baronne Durande (40) ;
De Nogent (41) ;
Champagne (42) ;
Lejeas-Dornier (43),

membres du conseil d'administration.

MM. d'Agrain, trésorier et Amanton, secrétaire, furent maintenus dans leurs fonctions.

Les réunions mensuelles se tinrent dès lors chez la présidente ; la société fonctionnait déjà depuis plusieurs mois, lorsque, le 12 septembre 1812, elle reçut sa consécration définitive.

Par une décision en date de ce jour, l'impératrice approuva les nominations faites le 9 mai précédent et ordonna d'expédier les brevets des dames composant le conseil d'administration. Ils leur furent remis à la séance du 21 novembre (44).

Ce même jour le personnel était complété par la nomination de MM. Bounder (45) et Ormancey (46) comme médecin et chirurgien. D'après l'offre faite par eux, ils devaient donner gratuitement leurs soins aux femmes secourues et qui leur seraient signalées par les dames visitantes. M. Ormancey offrait en outre de faire lui-même tous les accouchements afin que la somme remise ordinairement à la sage-femme pût profiter à la femme secourue (47).

Les 16 août et 11 septembre 1813, MM. Masson-Four (48) et Milsand (49) étaient nommés, dans les mêmes conditions, pharmaciens de la société. Ils avaient offert de fournir gratuitement tous les médicaments nécessaires.

Quelques mois auparavant, le 7 janvier, afin de la mieux faire connaître, étendre ses moyens d'action et provoquer de nouvelles souscriptions, le *Journal de la Côte-d'Or* avait, sous l'inspiration du préfet le comte de Cossé-Brissac (50), publié un article rappelant les origines de la société, sa reconstitution à Paris, sa formation à Dijon et les secours importants qu'elle avait déjà distribués.

Depuis sa reconstitution, la Société de Charité maternelle avait, soit à Paris, soit en province, amplement atteint le but qu'elle s'était proposé, mais les services qu'elle avait rendus à la population pauvre ne devaient pas lui faire trouver grâce auprès du gouvernement de la restauration qui tenait avant tout à modifier les institutions pour lesquelles l'empereur avait témoigné quelque préférence (51).

L'ordonnance du 31 octobre 1814 (Voir pièces annexes, n° 8) supprima l'organisation impériale pour revenir au régime ancien suivi avant le décret du 5 mai 1810 et prononça la dissolution des comités de province, en stipulant toutefois que les distributions de secours continueraient jusqu'à l'épuisement des sommes en caisse.

L'existence de la société à Dijon était sérieusement menacée et cependant le conseil d'administration avait cru devoir, le 21 mai, voter une adresse à la duchesse d'Angoulême (52).

Le 19 décembre et conformément à l'article 5 de l'ordonnance du 31 octobre, le ministre de l'intérieur écrivait au préfet afin de lui demander les renseignements qui lui permettraient de décider si une société de charité maternelle devait être établie à Dijon.

La réponse ne pouvait être douteuse : 200 femmes environ devaient être secourues chaque année, disait le maire Durande (53), dans son rapport au préfet ; les ressources trop restreintes du bureau de bienfaisance ne permettaient pas de le faire et il serait nécessaire que le gouvernement allouât à la société une somme de 3.000 fr.

Les renseignements donnés par le préfet furent jugés suffisants pour maintenir à Dijon la société qui fonctionnait régulièrement depuis trois ans : elle ne fut pas inquiétée ; elle n'avait pas à être réorganisée, car elle n'avait pas cessé un seul jour ses distributions de secours.

Le 1er février 1823, à la séance mensuelle ordinaire, la présidente Mme de Melfort communiqua au conseil d'administration, de la part du préfet, le règlement de la société de Paris (Voir pièces annexes, n° 9), avec invitation d'avoir à l'adopter à l'avenir pour celle de Dijon, en y apportant toutefois les modifications qui lui sembleraient nécessaires, mais qui devraient être soumises à l'approbation de la duchesse d'Angoulême, présidente et protectrice de toutes les Sociétés de Charité maternelle de France.

Ce même jour le règlement fut adopté avec les modifications rendues nécessaires par la différence de population et de ressources pécuniaires entre Paris et Dijon.

Il ne fut pas fixé de chiffre minimum de souscription (Première partie, article 1er).

Le taux des secours devait être arrêté d'une façon fixe et non pas varier d'une année à l'autre selon les ressources : de plus il ne serait pas obligatoire d'engager toutes les sommes recueillies (Seconde partie, seconde section, articles 1, 2, 3 et 4).

La rédaction de ces deux derniers articles était en effet défectueuse et inintelligente puisqu'elle ne permettait pas d'économiser, alors même que cela était possible.

Le nombre des dames composant le conseil d'administration resterait fixé à 9, le chiffre de 48 étant beaucoup trop considérable pour Dijon (Seconde partie, troisième section, article 1er).

Les réunions seraient mensuelles et non bi-mensuelles et la vice-présidente ne serait pas chargée de la rédaction des rapports et procès-verbaux dont le soin serait laissé au secrétaire nommé par le conseil (Seconde partie, troisième section, article 2).

Enfin le conseil proposait la suppression de l'article 6 de la 3ᵉ section, disant que la cotisation des dames administrantes serait volontaire.

Le règlement ainsi modifié fut transmis au préfet afin d'obtenir, par son intermédiaire, l'approbation exigée par l'article 5 de l'ordonnance du 31 octobre 1814 et servit, depuis lors, de base aux opérations de la société bien que, par suite de circonstances inexplicables, l'autorisation n'ait jamais été donnée.

Réimprimé en 1844, ce même règlement fut transmis, le 26 mars de la même année, au ministre de l'intérieur sans observations de sa part et c'est seulement le 3 septembre 1847 que, par une lettre adressée au préfet, il lui faisait connaître que la société de Dijon n'avait jamais reçu l'approbation nécessaire.

En même temps, il lui transmettait un modèle de règlement uniforme pour les sociétés maternelles et invitait celle de Dijon à l'adopter.

Le conseil d'administration pouvait, à bon droit, s'étonner de cette réclamation tardive faite alors que le règlement était appliqué depuis près de 25 ans, sans que jamais le ministre de l'intérieur ait fait d'observations ; cependant il fut décidé, à la séance du 29 novembre 1847, que le projet adressé par lui serait, ce même jour, examiné, discuté et approuvé avec les modifications que la pratique et les usages de la société semblaient rendre nécessaires.

Tous les articles furent successivement adoptés avec quelques modifications insignifiantes : le conseil

demandait toutefois à être maintenu dans le droit de
présenter une liste de trois dames lors des nominations de la présidente et de la vice-présidente (54)
et de conserver une certaine latitude pour la fixation
du chiffre et de l'importance des secours à distribuer
qui pourraient être modifiés sans qu'il soit besoin
d'obtenir, au préalable, l'autorisation préfectorale.

Ces deux points furent admis par le ministre de
l'intérieur, mais il refusa d'accéder à la demande du
conseil qui désirait la suppression de l'article 30,
stipulant que les registres de comptabilité et tous
autres seraient communiqués à l'autorité toutes les
fois qu'elle en ferait la demande.

La négociation ne se fit probablement pas sans quelques difficultés, car c'est seulement à la séance du
8 janvier 1849 que le conseil, après une nouvelle
délibération, accepta tels qu'ils étaient indiqués au
projet les articles faisant l'objet de la discussion et
au sujet desquels le ministre avait donné son avis
dès le 30 décembre 1847.

Le règlement rectifié fut adressé au préfet pour
être, par lui, transmis au ministre et obtenir son approbation, mais une nouvelle difficulté se présenta.

M. Bounder, ancien médecin de la société, décédé le 24 avril 1847, lui avait légué une somme de
500 francs.

Par sa lettre du 29 mars 1849, le préfet informai t
la présidente que le ministre de l'intérieur était tout
disposé à donner à la société l'autorisation exigée
par l'article 5 de l'ordonnance du 31 octobre 1814,
mais que cette autorisation était insuffisante pour lui
permettre d'accepter le legs fait par M. le Dr Bounder

et ceux qui pourraient lui être faits par la suite (55).

La Société devait se faire reconnaître comme établissement d'utilité publique, ce qui ne pouvait avoir lieu que par un décret du président de la république.

Le ministre invitait en conséquence le conseil à préparer un projet de statuts qui serait annexé au décret donnant à la société une existence civile.

Ils ne devaient contenir que les dispositions considérées comme fondamentales : un règlement intérieur indiquerait celles qui concerneraient plus spécialement l'administration de la Société.

Ces statuts préparés à la séance du 2 juillet 1849, présentés au ministre et renvoyés par lui le 6 septembre suivant pour être modifiés, puis soumis par lui au conseil d'Etat, furent renvoyés au conseil d'administration le 18 mai 1850, pour de nouveaux changements.

Quelques jours plus tard, le 31 mai 1850, un décret reconnaissait la société comme établissement d'utilité publique (56) et approuvait ses statuts et cependant c'est seulement le 3 novembre 1851 que le maire fit connaître à la présidente la décision du conseil d'Etat.

Pour compléter les statuts, le conseil rédigea, le 5 juillet 1852, un règlement qui fut approuvé le 3 septembre suivant.

La société fonctionna pendant près de 22 ans, d'après les règles qui venaient d'être arrêtées (57).

Le 6 mai 1874, dans une séance spécialement convoquée à cet effet, le conseil d'administration décida quelques modifications à apporter soit aux statuts, soit au règlement intérieur.

Les deux changements apportés aux statuts ne valaient pas mieux l'un que l'autre : en effet la distribution aux dames sociétaires du compte-rendu et de la liste des membres, pendant l'assemblée générale, pouvait présenter quelque difficulté si la réunion était nombreuse : mais ce n'était là qu'un petit inconvénient.

La modification de l'article 4, relative à l'élection du conseil, présente un réel danger pour l'administration de la société.

En renouvelant tous les trois ans et par tiers les membres du conseil d'administration, on pouvait être sûr que les bonnes traditions de la société seraient conservées, tout au moins par les dames non soumises à la réélection : l'article 4 actuel, en décidant que le conseil tout entier doit être renouvelé tous les cinq ans et en une seule fois, le met à la merci d'une cabale qui pourrait modifier de la façon la plus complète les règles suivies depuis la fondation et qui ont été édictées dans les divers règlements successivement en usage.

En même temps que les statuts et à cette même réunion du 0 mai 1874, le règlement intérieur subit quelques modifications fort peu importantes et qui ne changeaient en rien l'esprit général de celui qui avait été adopté le 5 juillet 1852.

Approuvé par le conseil d'Etat, le 7 janvier 1875, et par le président de la République, le 18 du même mois, il est encore suivi et appliqué aujourd'hui (Voir pièces annexes, n° 10).

Le 3 mai 1883, le ministre de l'intérieur comprenant bien l'utilité que pouvaient avoir les sociétés

3*

dont le but était de protéger les enfants du premier
âge, adressait aux préfets une circulaire pour les
engager à favoriser le développement des crèches
et des Sociétés de Charité maternelle : il les invitait
à faire des démarches auprès des conseils généraux
et municipaux afin d'obtenir le vote de subventions.

Comme suite à ces instructions, il leur transmettait des modèles de statuts et de règlements (Voir
pièces annexes, nᵒˢ 11 et 12) qui reproduisaient à
peu de chose près les dispositions antérieures.

Le 12 mars 1888, une circulaire du ministre de
l'intérieur invitait les préfets à faire modifier les
conditions d'admission aux secours, conditions qui
n'avaient point varié depuis la fondation (Voir pièces
annexes, nᵒ 13).

Constituée le 8 décembre 1811, la Société de
Charité maternelle de Dijon compte aujourd'hui plus
de 88 ans d'existence : pendant cette longue période
de temps elle a rendu d'éminents services à la population pauvre de la ville : elle a distribué environ
385.200 fr. ; le chiffre des femmes secourues s'est
élevé à 7007 et parmi elles, beaucoup ont reçu les
secours plusieurs fois.

Tous les gouvernements qui se sont succédés jusqu'à nos jours ont protégé la société : la duchesse
d'Angoulème sous la Restauration, la reine Marie-
Amélie, le 6 octobre 1830 et l'impératrice Eugénie,
le 2 février 1853, ont accepté d'être protectrices et
présidentes de toutes les sociétés de charité maternelle de France (58).

Chaque année depuis 1812, sauf à de très rares
exceptions, le gouvernement a alloué sur les fonds

spécialement destinés à cet effet, des sommes plus ou moins importantes, basées sur les ressources financières et les besoins de l'année.

Le conseil général n'a jamais rien accordé : le motif de son refus, assez juste du reste, était que la société est une œuvre locale ne venant en aide qu'aux femmes habitant Dijon et que, par suite, c'est à la municipalité et non au département à voter une subvention, mais, bien qu'à plusieurs reprises le conseil d'administration se soit adressé à la municipalité, ses demandes ont presque toujours été rejetées et cependant elles étaient faites sur l'invitation du préfet qui informait la présidente que si la ville ne consentait pas à subvenir pour une part quelconque aux dépenses de la société, le gouvernement réduirait ses allocations.

Elles sont supprimées depuis 1895, aussi la société ne reçoit rien aujourd'hui, ni de l'Etat, ni du département, ni de la ville. Sa situation financière est néanmoins satisfaisante mais si ses ressources pécuniaires étaient plus considérables, le conseil d'administration pourrait accorder plus souvent les grands secours qui ne sont donnés aujourd'hui que très rarement (59).

La société compte actuellement 183 membres.

Le conseil d'administration se compose de :

Mmes D'AMBLY, présidente ;

  SIMONNET D'HENNEZEL, vice-présidente ;

  DAGALLIER, DUMAY, JULHIET, LOMBART, ROUGÉ,

   ROUX et TOUSSAINT, dames administrantes ;

MM. CORNEREAU, trésorier ;

  PERRONNE, secrétaire.

LISTE DES DAMES AYANT FAIT PARTIE DU
CONSEIL D'ADMINISTRATION

PRÉSIDENTES

Mmes de Bretenières, présidente le 9 mai 1812,
décédée le 4 mars 1820 (60).

la comtesse de Melfort, administrante en 1819,
présidente le 3 juin 1820, décédée le 12 mai
1845 (61).

la baronne d'Aisy, administrante le 6 mars
1819, vice-présidente le 4 décembre suivant,
présidente le 5 janvier 1846, décédée le 13
février 1850 (62).

la comtesse de Macheco, administrante en 1820,
présidente le 4 mars 1850, décédée le 29
septembre 1870 (63).

de Berbis, administrante en 1840, vice-présidente le 5 janvier 1846, présidente le 5 avril
1871, démissionnaire le 6 mars 1888, décédée
le 23 mars 1899 (64).

la vicomtesse de Saint-Seine, administrante
le 10 février 1869, vice-présidente le 7 mars
1870, présidente le 10 mars 1888, démissionnaire le 12 mars 1892.

d'Ambly, administrante le 12 mars 1892, présidente le 15 du même mois.

VICE-PRÉSIDENTES

Mmes la baronne d'Aisy (Voir aux présidentes).

de Berbis (Voir aux présidentes).

la vicomtesse de Saint-Seine (Voir aux présidentes).

Drevon, administrante le 7 mars 1870, 2e vice-présidente le 4 janvier 1879, 1re vice-présidente le 14 mai 1886, démissionnaire le 3 mars 1888.

Coffin, administrante en 1883, vice-présidente le 12 février 1883, décédée le 12 février 1886.

Lorenchet de Montjamont, administrante le 1er décembre 1883, vice-présidente le 10 mars 1888, démissionnaire le 9 janvier 1897.

Simonnet d'Hennezel, administrante le 7 mars 1870, vice-présidente le 6 février 1897.

DAMES ADMINISTRANTES

Mmes la marquise d'Agrain, 9 mai 1812 (65).

Champagne, 9 mai 1812 (66).

Dubard, 9 mai 1812, démissionnaire (départ) le 2 mars 1822 (67).

la baronne Durande, 9 mai 1812 (68).

la comtesse d'Esterno, 9 mai 1812 (69).

Lejeas-Damotte, 9 mai 1812, démissionnaire le 10 juillet 1816 (70).

Lejeas-Dornier, 7 mai 1812, démissionnaire le 1er février 1815 (71).

de Nogent, 9 mai 1812 (72).

Mmes la comtesse de Tocqueville, 10 juillet 1816,
    démissionnaire (départ) le 10 avril 1817 (73).

de Montherot, 10 juillet 1816 (74).

de Laporte, 10 avril 1817.

la baronne de Lachadenède, 7 février 1818 (75).

de Colomb, 6 avril 1822 (76).

la baronne de Champlouis, 10 juin 1840 (77).

Merlin en 1845 (78).

la baronne du Kermont en 1846 (79).

la marquise de Saint-Seine en 1846 (80).

de la Tournelle, 1er février 1847 (81).

Vesco, 1er février 1847, démissionnaire (départ)
    le 3 février 1851 (82).

Pagès, 5 mars 1849 (83).

Genin, 5 mars 1849, démissionnaire le 1er dé-
    cembre 1851 (84).

Morelet, 4 mars 1850 (85).

Muteau, 3 février 1851 (86).

de Bretenières, 1er décembre 1851 (87).

la baronne de Bry, 1er décembre 1851 (88).

Duval, 1er décembre 1851 (89).

Morel-Retz, 7 février 1853 (90).

de Marnas, 7 février 1853 (91).

Mongis, 2 mars 1857 (92).

de Leffemberg, 6 avril 1863 (93).

Neveu-Lemaire en 1865 (94).

la baronne Jeannin, en 1865 (95).

la comtesse de Callac, 3 mars 1869 (96).

Lefebvre, 7 mars 1870 (97).

Condaminas, 7 mars 1870.

Pitiot, 7 mars 1870, décédée le 9 juillet 1883 (98).

Lyantey, 4 janvier 1871.

Mmes d'Estocquois, 5 février 1873, démissionnaire *
le 3 mars 1888.

Dagallier, 6 novembre 1880.

Collot-Laurent, en 1886.

Perrenet, en 1886.

Deshaires, en 1886, démissionnaire le 3 mars
1888.

Dumay, 10 mars 1888.

Guesweiler, 10 mars 1888.

Julluet, 10 mars 1888.

Lombart, 10 mars 1888.

Roux, 10 mars 1888.

Toussaint, 10 mars 1888.

Rougé, 6 février 1897.

TRÉSORIERS

MM. Jacquinot, 8 décembre 1811, non installé à
raison de son départ (99).

le marquis d'Agrain, 18 décembre 1811, démissionnaire le 20 octobre 1815 (100).

Dubard, 21 octobre 1815, démissionnaire (départ) le 7 décembre 1822 (101).

de Colomb, 7 décembre 1822 (102).

le comte de Sarcus, en 1834, démissionnaire
le 5 janvier 1835 (103).

le marquis de Saint-Seine, 5 janvier 1835,
démissionnaire le 3 mars 1862 (104).

de Velfrey (vice-trésorier), 2 mars 1846, démissionnaire le 8 janvier 1849.

Petitjean de Marcilly (vice-trésorier), 8 janvier
1840, démissionnaire le 3 mars 1862.

MM. Rondel, 3 mars 1862 (105), démissionnaire
   (départ) le 2 février 1863.

Roques, 2 février 1863, démissionnaire (départ),
   7 août 1865.

Girardin, 7 août 1865, démissionnaire 1er février
   1871 (106).

Milsand, 5 avril 1871, décédé le 13 février
   1892 (107).

Cornereau, 12 mars 1892.

SECRÉTAIRES

MM. Levaillant d'Hautcourt, secrétaire provisoire (108).

Hernoux, 5 février 1812, démissionnaire le 11
   avril suivant (109).

Amanton, 11 avril 1812, démissionnaire le 4
   avril 1818 (110).

Couturier, 4 avril 1818, démissionnaire le 3
   janvier 1824 (111).

Morel-Retz, 3 janvier 1824, démissionnaire le
   5 janvier 1835 (112).

Bordet, 5 janvier 1835, démissionnaire le 4
   août 1850.

de Lavillette, 2 décembre 1850, démissionnaire
   le 4 janvier 1869 (113).

Foisset, 4 janvier 1869, démissionnaire le 6
   mai 1876 (114).

Petitjean de Marcilly, 5 août 1876, démissionnaire le 31 mars 1891.

Cornereau, 31 mars 1891, nommé trésorier
   le 12 mars 1892.

MM. Gauthier, 12 mars 1892, démissionnaire le 8 octobre 1898, décédé le 3 novembre 1898 (115).

Perronne, 3 décembre 1898.

MÉDECINS

MM. le Dr Bounder, 21 octobre 1812, décédé le 24 avril 1847 (116).

Dr Ormancey, 21 octobre 1812, décédé le 10 juin 1820 (117).

Dr Rathelot, 1er juillet 1820 (118).

Dr Fourrat, médecin-adjoint, le 1er juillet 1820 et titulaire le 3 avril 1854 (119).

Dr Gruère, médecin-adjoint, le 7 avril 1821 (120).

Dr Boucher, 3 avril 1854 (121).

Dr Vallée en 1861 (122).

Dr Moyne, 20 avril 1874 (123).

Dr Belin, 20 avril 1874.

Dr Fonssard, en 1880.

Dr Petit, en 1880 (124).

Dr César, en 1880.

Dr Collette, en 1884.

Dr Pingat, en 1891.

Dr Rolland, en 1891.

PHARMACIENS

MM. Masson-Four, 16 août 1813 (125).

Milsand, 11 septembre 1813 (126).

Tilloy, 17 mai 1822 (127).

Rolland, en 1861 (128).

Verneau, en 1867.

PIÈCES ANNEXES

N° 1.

Napoléon, empereur des Français, roi d'Italie, protecteur de la confédération du Rhin :

Voulant donner aux femmes mariées indigentes qui ne peuvent subvenir aux frais de leur accouchement et de l'allaitement de leurs enfants un témoignage de notre sollicitude, et prévenir les dangers auxquels le dénuement absolu expose la vie de leurs enfants et leur propre vie, voulant aussi marquer par des actes de bienfaisance l'époque de notre mariage,

Nous avons décrété et décrétons ce qui suit :

TITRE I

DE LA FORMATION D'UNE SOCIÉTÉ MATERNELLE DANS NOTRE BONNE VILLE DE PARIS.

Art. 1er. — Il sera formé dans notre bonne ville de Paris une société de charité qui prendra le nom de Société maternelle.

Art. 2. — Cette société aura pour but de secourir les pauvres femmes en couche, de pourvoir à leurs besoins et d'aider à l'allaitement de leurs enfants.

Art. 3. — La société est placée sous la protection spéciale de notre très auguste mère. Elle en présidera l'administration générale et convoquera les assemblées toutes les fois qu'elle le jugera convenable.

Art. 4. — Les dames qui désireront être admises dans la société se feront inscrire dans le mois du présent décret

au secrétariat général de la préfecture du département et
feront connaître le montant de leur souscription.

Art. 5. — Les hommes seront aussi admis à s'associer à
cet acte de bienfaisance, mais ils ne pourront être chargés
de l'administration, et ne seront pas admis aux séances,
sauf ce qui sera dit ci-après à l'article 8.

Art. 6. — Dans un mois, à dater de la publication du
présent décret, notre ministre de l'intérieur nous présentera la liste de toutes les personnes qui se seront fait inscrire au secrétariat de la préfecture, conformément aux
articles 4 et 5 ci-dessus.

Art. 7. — Nous nommerons sur cette liste, pour la première fois, deux vice-présidentes pour présider les assemblées générales et le comité d'administration, en l'absence
de notre auguste mère, et douze dames qui composeront ce
comité. Une de ces dames sera préposée à la distribution
des secours dans un des douze arrondissements, et pourra
s'adjoindre, à cet effet, une ou plusieurs dames prises parmi
celles qui auraient souscrit.

Art. 8. — Le comité pourra faire choix, parmi les hommes qui auront souscrit, de trois personnes, dont il prendra
les avis, quand il le jugera convenable, et qui pourront
aussi être admis aux séances du comité.

Art. 9. — Chaque année, le comité sera renouvelé par
moitié. Les dames qui y seront appelées seront désignées
au scrutin dans une assemblée générale. Les vice-présidentes et les autres membres sortants pourront toujours
être continués dans leurs fonctions.

Art. 10. — L'élection des membres du comité et des
trois personnes dont le comité pourra prendre les avis,
ainsi qu'il est dit article 8, sera soumise à notre approbation par notre ministre de l'intérieur.

Art. 11. — Voulant mettre la société en état d'étendre
les avantages de son institution, nous lui assurons sur notre
domaine extraordinaire une dotation annuelle de...

Art. 12. — La moitié de cette somme payée par tiers, de
mois en mois, pendant les trois premiers mois de l'année,

et l'autre moitié par neuvièmes et sur la quittance du trésorier.

Art. 13. — Le trésorier de la société sera nommé par nous, sur la présentation à nous faite de trois personnes par notre ministre de l'Intérieur, sur l'avis du comité d'administration et du préfet du département de la Seine.

Art. 14. — Chaque année le trésorier rendra compte de ses recettes et dépenses en assemblée d'administration générale. Ces comptes seront envoyés à notre ministre de l'Intérieur pour être mis sous nos yeux avec son avis et les observations qu'il jugera convenables. Ces comptes seront imprimés chaque année avec la liste des membres de la société.

TITRE II.

DE L'ADMISSION AUX SECOURS.

Art. 15. — Aucune femme ne sera admise aux secours de la société, qu'en vertu d'une délibération spéciale du comité d'administration et sur le rapport d'une des dames attachée aux douze arrondissements.

Art. 16. — Pour être admis aux secours de la société, les femmes seront tenues de justifier qu'elles ont rempli toutes les formalités et obligations prescrites par les statuts.

Art. 17. — Notre ministre de l'Intérieur nous présentera, dans le mois, un projet de statut réglementaire concernant les obligations des membres de la société, la quotité de la souscription, les règlements de l'administration, le mode de distribution des secours, et les conditions nécessaires pour les obtenir. Ces statuts seront homologués en notre conseil d'État, comme ceux des établissements de bienfaisance.

Art. 18. — La société maternelle pourra recevoir des dons et legs en remplissant les formalités prescrites par les lois.

Art. 19. — Notre ministre de l'Intérieur et notre intendant général du domaine extraordinaire sont chargés chacun en ce qui le concerne de l'exécution du présent décret.

Signé: DEFERMON, comte REGNAUD DE SAINT-JEAN D'ANGELY, comte TREILHARD.

N° 2.

Napoléon, empereur des Français, roi d'Italie, protecteur de la confédération du Rhin :

Nous étant fait rendre compte par notre ministre de l'Intérieur des statuts de la Société maternelle de la ville de Paris, des travaux utiles auxquels elle s'est livrée ; ayant vu avec satisfaction tout le bien qu'elle avait opéré, et qu'elle pouvait produire ; voulant lui donner de nouvelles preuves de notre protection et de notre bienveillance et lui procurer le développement, la stabilité et les moyens nécessaires pour en accroître l'utilité et en assurer le succès : voulant aussi marquer l'époque de notre mariage par des actes de bienfaisance,

Nous avons décrété et décrétons ce qui suit :

Art. 1er. — La société maternelle fondée dans notre bonne ville de Paris pour secourir les pauvres femmes en couche, et prévenir l'exposition des enfants légitimes, et leur confusion avec les enfants naturels, est confirmée ainsi que les statuts qui nous ont été représentés, et demeureront annexés à la minute du présent décret.

Art. 2. — La liste des membres de la société ainsi que celle de son administration générale et de son comité d'administration seront soumises chaque année à notre approbation par notre ministre de l'Intérieur. Les membres composant actuellement la société, son administration générale et son comité sont confirmés.

Art. 3. — La société est placée sous la protection spéciale de notre auguste mère ; elle en présidera l'administration générale dans les assemblées qui continueront d'avoir lieu deux fois par année aux lieux, jours et heures qu'elle jugera convenable de fixer.

Art. 4. — Voulant, autant qu'il nous est possible, mettre la société en état d'étendre les avantages de son institution, nous lui assurons sur notre domaine extraordinaire une dotation annuelle et perpétuelle de...

Art. 5. — Cette somme sera payée par sixièmes de mois en mois pendant les trois premiers mois de chaque année, et le surplus par neuvièmes par chacun des mois suivants, entre les mains et sur la quittance du trésorier charitable de la société.

Art. 6. — Chaque année le trésorier rendra les comptes de ses recettes et dépenses en assemblée d'administration générale. Ces comptes seront envoyés à notre ministre de l'Intérieur pour être mis sous nos yeux, avec son avis et les observations qu'il jugera convenable de faire.

Art. 7. — Les travaux et les opérations de la société devant prendre plus d'étendue, le nombre des membres du comité d'administration sera augmenté dans les proportions jugées nécessaires. La liste des dames qui seront choisies en conséquence de cette disposition sera remise à notre ministre de l'Intérieur pour être soumise à notre confirmation.

Art. 8. — Les dames qui composeront le comité d'administration pourront en outre s'aider du zèle et des soins des sœurs de charité des arrondissements et des paroisses où il en existe, et de toutes les autres personnes pieuses et charitables qui voudront bien concourir à leurs bonnes œuvres et réuniront leur confiance.

Art. 9. — Pourra pareillement le comité se choisir les employés que la tenue de ses registres, la direction de la correspondance et l'ordre de la comptabilité pourront rendre nécessaires, sans pouvoir néanmoins excéder en dépense le vingtième de ses ressources.

Art. 10. — Aucune femme ne sera admise aux secours de la société, qu'en vertu d'une délibération spéciale du comité d'administration.

Art. 11. — Pour être admises aux secours de la société les femmes seront tenues de remplir les formalités et les obligations prescrites par les statuts.

Art. 12. — Les secours seront divisés en trois classes dont l'un sera de 130 francs, l'autre de 70 francs, et le troisième de 40 francs.

Art. 13. — Le secours de 130 francs ne sera accordé qu'aux femmes qui se trouveront dans l'un des cas prévus par les statuts actuellement en vigueur et sera payé de la manière et aux époques réglées par les statuts. Le secours de 70 francs et celui de 40 francs seront accordés aux femmes en couche qui, n'étant pas dans l'un des cas prévus par les statuts, seront néanmoins dans le besoin, et dignes d'être assistées par la société, suivant et d'après le mode qui sera ultérieurement déterminé.

Art. 14. — Notre ministre de l'Intérieur et l'Intendant de notre domaine extraordinaire sont chargés, chacun en ce qui le concerne, de l'exécution du présent décret.

N° 3.

DÉCRET IMPÉRIAL

Au Palais d'Anvers, le 5 mai 1810.

Napoléon, empereur des Français, roi d'Italie, protecteur de la confédération du Rhin, médiateur de la confédération suisse, etc., etc., etc.,

Sur le compte qui nous a été rendu de l'utilité dont la Société maternelle, existant dans notre bonne ville de Paris, a été, malgré l'insuffisance de ses moyens, pour le soulagement des mères indigentes :

Considérant que les secours de cette espèce sont particulièrement nécessaires dans les grandes villes ;

Voulant donner à nos quarante-quatre bonnes villes un témoignage de notre satisfaction ;

Voulant en même temps honorer et encourager la bienfaisance publique envers les mères indigentes, les placer sous une protection auguste et spéciale, et donner à l'impératrice Louise, notre chère et bien-aimée épouse, une preuve particulière de notre affection,

Nous avons décrété et décrétons ce qui suit :

TITRE I

DE LA FORMATION D'UNE SOCIÉTÉ MATERNELLE.

Art. 1er. — Il sera formé dans notre bonne ville de Paris, et sous la protection de l'Impératrice, une société qui prendra le nom de *Société maternelle.*

Cette société aura pour but de secourir les pauvres femmes en couches de notre empire, de pourvoir à leurs besoins et d'aider à l'allaitement de leurs enfants. Elle aura une organisation et des conseils d'administration dans chacune de nos quarante-quatre bonnes villes.

Art. 2. — Il sera fait, pour chacun de ces conseils d'administration, un arrondissement dont nous déterminerons l'étendue, sur le rapport qui nous sera présenté, à cet effet, par notre ministre de l'Intérieur, et qui comprendra les villes qui participeront aux secours distribués par chaque conseil.

Art. 3. — Le nombre des dames qui composeront la Société maternelle est fixé à mille. Elles recevront des brevets signés par l'Impératrice.

Art. 4. — Les dames qui désireront faire partie de la Société maternelle s'inscriront, ou aux secrétariats des préfectures et sous-préfectures, ou à ceux des évêchés, ou à la municipalité de leur domicile.

Art. 5. —La Société maternelle aura quinze dignitaires, un conseil général à Paris, quatre vice-présidentes du conseil général, des conseils d'administration dans chacune de nos bonnes villes, un secrétaire général, un trésorier général à Paris , et des trésoriers particuliers dans les autres bonnes villes.

Les vice-présidentes seront choisies parmi les dignitaires. Le secrétaire général qui sera notre grand aumônier, et le

4*

trésorier général, seront compris parmi les dignitaires de la société.

Art. 6. — Le conseil général sera composé de cent dames qui seront choisies parmi les membres de la société savoir : deux dans chacune des villes de Bordeaux, Florence, Bruxelles, Gênes, Lyon, Marseille, Rome, Rouen et Turin ; une dans chacune des autres bonnes villes, et quarante-huit dans notre bonne ville de Paris.

Art. 7. — L'Impératrice préside le conseil général et le conseil d'administration de Paris.

Art. 8. — Le conseil général correspondra avec les conseils d'administration qui seront établis dans chacune des autres bonnes villes.

Art. 9. — Il s'assemblera deux fois par an pour prendre connaissance de toutes les affaires de la société, régler la répartition des fonds entre les différents conseils d'administration des villes, et recevoir les rapports généraux et les comptes en recette et en dépense du trésorier général.

Art. 10. - Trois souscripteurs choisis parmi les hommes qui auront souscrit pour concourir aux actes de bienfaisance de la société, seront désignés comme conseillers du comité d'administration de notre bonne ville de Paris, pour être consultés et admis aux séances lorsque cela sera nécessaire.

TITRE II

DES FONDS DE LA SOCIÉTÉ.

Art. 11. — La souscription des dames composant la Société maternelle est fixée à la somme annuelle de 500 fr.

Art. 12. — Les dames qui ne seront pas membres de la société, les associations, corporations ou individus qui voudront souscrire, pourront se faire inscrire pour une ou plusieurs souscriptions, aux secrétariats des évêchés, préfectures, sous-préfectures et mairies, comme il est dit ci-dessus, article 4.

Art. 13. — Les dames composant le conseil général, à

Paris, seront choisies parmi celles qui auront pris deux souscriptions.

Les dames du comité d'administration seront choisies parmi celles qui auront pris quatre souscriptions.

Les conseillers du comité d'administration seront choisis parmi les hommes qui auront pris six souscriptions.

Les vice-présidentes seront choisies parmi les dames dignitaires qui auront pris dix souscriptions.

Art. 14. — Lorsqu'il viendra à vaquer des places dans le nombre de mille formant le total de la société, les dames remplaçantes seront choisies parmi les dames qui n'étant pas membres de la société, auraient souscrit pour une ou plusieurs actions.

Art. 15. — Voulant mettre la société en état d'étendre les avantages de son institution, nous lui faisons donation à perpétuité de 500.000 francs de rentes sur le grand-livre, lesquelles seront acquises des fonds de notre domaine extraordinaire, et inscrites au nom de ladite société.

Art. 16. — La Société est une : toutes les recettes, de quelque nature qu'elles soient, de quelque origine qu'elles proviennent, seront réunies pour être réparties, par délibération du conseil général, entre les comités d'administration des différentes bonnes villes.

Art. 17. — Les comptes annuels en recettes et en dépenses, et les rapports généraux sur toutes les opérations de la société, seront imprimés avec la liste des souscripteurs et des asociations, corporations ou individus non souscripteurs, qui auront fait des dons à la société.

TITRE III

DISPOSITIONS D'EXÉCUTION.

Art. 18. — L'état des souscriptions qui auront été reçues aux secrétariats des évêchés, sera adressé de quinzaine en quinzaine, à partir du 1er juin jusque et y compris le 15 juillet, par les évêques au ministre de l'Intérieur.

Les états des souscriptions reçues au secrétariat de chaque sous-préfecture et mairie, seront envoyés aux mêmes époques par les sous-préfets et les maires aux préfets, qui les adresseront, avec les états des souscriptions inscrites, aux secrétariats des préfectures.

Ces états seront transmis par le ministre de l'Intérieur au secrétaire général de la société.

Art. 19. — Du 15 juillet au 1er août, la liste des mille dames composant la société sera arrêtée par l'Impératrice qui nommera sur cette liste :

Les quinze dignitaires,

Les quatre vice-présidentes,

Les dames du conseil général, et celles des conseils d'administration.

Art. 20. — Le conseil général, dans sa première session, délibérera sur le mode à adopter pour l'organisation des conseils d'administration, et pour la distribution des secours.

Art. 21. — Il proposera en même temps un projet de statuts réglementaires concernant les obligations des membres de la société, les règles d'admission aux secours, et les conditions nécessaires pour les obtenir.

Ces règlements seront homologués en notre Conseil d'Etat, comme ceux des autres établissements de bienfaisance.

Art. 22. — La Société maternelle pourra recevoir des legs et donations, en remplissant les formalités prescrites par les lois et règlements.

Signé : NAPOLÉON.

Par l'Empereur,

Le ministre secrétaire d'Etat,

Signé : H. B. DUC DE BASSANO.

Pour ampliation,

Le ministre de l'Intérieur, comte de l'Empire,

Signé : MONTALIVET.

N° 4.

PROJET DE DÉCRET SUR LA CHARITÉ MATERNELLE

TITRE I

DE L'ADMINISTRATION CENTRALE DE LA SOCIÉTÉ.

§ 1.

Des dignitaires et vice-présidentes.

Art. 1er. — Sont nommées dignitaires : Mmes...
Sont nommées vice-présidentes : Mmes la comtesse de Ségur, la comtesse Pastoret.

§ 2.

Du conseil général.

Art. 2. — Le conseil général sera composé, provisoirement, des dames dont la liste arrêtée par l'Impératrice est jointe au présent décret (n° 1).

Art. 3. — Les dames composant le comité de l'ancienne Société maternelle dont la liste est ci-jointe (n° 2) sont admises au nombre des dames de la Société maternelle en témoignage de notre satisfaction de leur zèle et de leurs soins charitables (129).

Art. 4. — Les dites dames seront appelées aux séances du Conseil général.

§ 3.

Du comité d'administration à Paris.

Art. 5. — Sont nommées membres du conseil d'administration à Paris, les dames dont la liste arrêtée par l'Impératrice est jointe au présent décret (n° 3).

Art. 6. — Les dames dont il est parlé ci-dessus à l'article 3, leur sont adjointes.

§ 4.

Des conseillers et autres officiers de la société.

Art. 7. — Sont nommés conseillers du comité, conformément à l'article 10 de notre décret du 5 mai, MM. l'Archi-chancelier, le duc de Massa, le comte La Place, le comte de Montesquiou.

Art. 8. — Est nommé trésorier le comte Jaubert.

Art. 9. — Notre grand aumônier exercera, aux termes de l'article 5 du même décret, les fonctions de secrétaire. En cas d'absence ou empêchement, il sera suppléé par un des conseillers désignés par l'Impératrice.

TITRE II

ADMINISTRATION DE LA SOCIÉTÉ DANS LES DÉPARTEMENTS.

§ 1.

Division de l'Empire en arrondissements.

Art. 10. — Les départements de notre empire sont divisés en arrondissements pour la Société maternelle, conformément au tableau joint au présent décret (n° 4).

Art. 11. — Les villes portées en la première colonne seront le siège du conseil d'administration.

§ 2.

Formation des conseils d'administration d'arrondissements.

Art. 12. — Les dames nommées pour faire partie du conseil général s'assembleront incessamment pour former le conseil d'administration de chacun des arrondissements, selon l'article 20 du décret du 5 mai.

Art. 13. — Les conseils seront provisoirement de sept

dames dans les villes de : Rome, Lyon, Bordeaux, Marseille, Florence, Anvers, Liège, Dijon, Strasbourg, Gênes.

De cinq dans les villes de : Gand, Bruxelles, Lille, Metz, Nantes, Parme, Rouen, Turin.

De sept dans les villes de : Aix-la-Chapelle, Alexandrie, Amiens, Angers, Besançon, Bourges, Caen, Clermont, Genève, Grenoble, La Rochelle, Livourne, Mayence, Montauban, Montpellier, Toulouse, Tours, Versailles.

TITRE III

DE LA PRÉSENTATION DES DAMES DE LA SOCIÉTÉ MATERNELLE.

Art. 14. — Les dames de la Société maternelle qui résident ou viendront à Paris, nous seront présentées ainsi qu'à l'Impératrice, si elles ne l'ont déjà été.

Art. 15. — Les dames de la Société maternelle résidentes dans les départements nous seront présentées ainsi qu'à l'Impératrice, dans nos voyages.

Art. 16. — Les formes de ces présentations seront déterminées par nous, sur le rapport des grands officiers de notre maison, chacun en ce qui le concerne.

Art. 17. — Notre ministre de l'Intérieur est chargé de l'exécution du présent décret qui sera inséré au Bulletin des lois.

N° 5.

Napoléon, empereur des Français, roi d'Italie, protecteur de la confédération du Rhin, médiateur de la confédération suisse :

Vu notre décret du 5 du mois de mai dernier, sur l'institution d'une Société maternelle ;

Voulant régler ce qui concerne la formation du conseil général et les arrondissements de chacun des conseils d'administration ;

Prenant en considération le grand nombre des dames inscrites dans les départements, qui n'ont point de bonnes villes, et voulant faire participer toute l'étendue de notre empire au bienfait de l'institution,

Nous avons décrété et décrétons ce qui suit :

TITRE I

Art. 1er. — Chacune des villes, chefs-lieux des départements de notre empire, aura un conseil d'administration de la Société maternelle.

Art. 2. — L'arrondissement de chacun des conseils d'administration sera formé du département dont la ville où il siège est le chef-lieu à l'exception :

1º Du conseil d'administration d'Aix-la-Chapelle dont l'arrondissement sera composé des sous-préfectures d'Aix-la-Chapelle, Clèves et Crevelt ;

2º Du conseil d'administration de Cologne, dont l'arrondissement sera composé de la sous-préfecture de Cologne ;

3º Du conseil d'administration de Parme dont l'arrondissement sera composé des sous-préfectures de Parme et de Borgo san Domino ;

4º Du conseil d'administration de la ville de Plaisance dont l'arrondissement sera composé de la sous-préfecture de Plaisance.

Art. 3. — Les arrondissements des conseils d'administration, Paris non compris, seront divisés en trois classes, savoir :

PREMIÈRE CLASSE.

Les arrondissements des bonnes villes de Rome, Lyon, Bordeaux, Florence, Rouen, Amsterdam, Marseille, Gênes, Bruxelles, Turin.

SECONDE CLASSE.

Les arrondissements des bonnes villes de :
Alexandrie, Aix-la-Chapelle, Amiens, Angers, Anvers,

Besançon, Bourges, Caen, Clermont, Dijon, Gand, Genève, Grenoble, La Rochelle, Liège, Lille, Livourne, Mayence, Metz, Montpellier, Montauban, Nancy, Nantes, Nice, Orléans, Parme, Reims, Rennes, Rotterdam, Strasbourg, Toulouse, Tours, Versailles.

TROISIÈME CLASSE.

Les arrondissements des bonnes villes de Cologne et Plaisance, et les villes chefs-lieux des départements qui ne sont pas comprises au nombre des bonnes villes savoir :

Départements et Villes.	Départements et Villes.
Ain : Bourg.	Jura : Lons-le-Saunier.
Aisne : Laon.	Landes : Mont-de-Marsan.
Allier : Moulins.	Liamone : Ajaccio.
Alpes (Basses) : Digne.	Loir-et-Cher : Blois.
Alpes (Hautes) : Gap.	Loire : Montbrison.
Apennins : Chiavari.	Loire (Haute) : Le Puy.
Ardèche : Privas.	Lot : Cahors.
Ardennes : Mézières.	Lot-et-Garonne : Agen.
Ariège : Foix.	Lozère : Mende.
Aube : Troyes.	Lys : Bruges.
Aude : Carcassonne.	Manche : Saint-Lô.
Aveyron : Rodez.	Marne : Châlons.
Cantal : Aurillac.	Marne (Haute) : Chaumont.
Charente : Angoulême.	Mayenne : Laval.
Corrèze : Tulle.	Meuse : Bar-sur-Ornain.
Côtes-du-Nord : Saint-Brieuc.	Meuse (Inférieure) : Mestricht.
Creuse : Guéret.	Mont-Blanc : Chambéry.
Doire : Ivrée.	Montenotte : Savone.
Dordogne : Périgueueux.	Morbihan : Vannes.
Drôme : Valence.	Nièvre : Nevers.
Ems occidental : Groningue.	Oise : Beauvais.
Ems oriental : Aurich.	Ombronne : Sienne.
Eure : Evreux.	Orne : Alençon.
Eure-et-Loir : Chartres.	Pas-de-Calais : Arras.
Finistère : Quimper.	Pyrénées (Basses) : Pau.
Frise : Heerenven.	Pyrénées (Hautes) : Tarbes.
Forets : Luxembourg.	Pyrénées (Orient.) : Perpignan
Gard : Nîmes.	Rhin (Haut) : Colmar.
Gers : Auch.	Rhin-et-Moselle : Coblentz.
Golo : Bastia.	Sambre-et-Meuse : Namur.
Indre : Châteauroux.	Saône-et-Loire : Mâcon.
Jemmapes : Mons.	Sarre : Trèves.
Issel (Bouches de l') : Almeloo.	Sarthe : Le Mans.
Issel supérieur : Arnheim.	Seine-et-Marne : Melun.

Départements et Villes.	Départements et Villes.
Sesia : Verceil.	Vaucluse : Avignon.
Sèvres (Deux) : Niort.	Vendée : Napoléon.
Stura : Coni.	Vienne : Poitiers.
Taro : Albi.	Vienne (Haute) : Limoges.
Trasimène : Spolette.	Vosges : Epinal.
Var : Draguignan.	Yonne : Auxerre.

Art. 4. — Les conseils d'administration seront mis en activité et auront au conseil général le nombre de dames fixé par l'article 6 de notre décret du 5 mai dernier lorsque celui des dames de leurs arrondissements sera :

A Paris de 200.

Pour les arrondissements de 1re classe, de 20.

Pour ceux de 2e classe, de 10.

Pour ceux de 3e classe, de 5.

TITRE II

Art. 5. — Les conseils d'administration des arrondissements qui ont les membres déterminés ci-dessus et qui sont portés au tableau annexé au présent décret seront mis en activité à dater du 1er janvier prochain.

Art. 6. — Les nominations des dames du conseil général ne pouvant avoir lieu que sur la première liste de 500 approuvée par l'Impératrice, et afin de laisser des places aux souscripteurs qui feront partie de la seconde liste, jusqu'à la concurrence du nombre de 1000 fixée pour la composition de la Société maternelle, il ne sera nommé quant à présent au conseil général que 50 dames (130).

Signé : NAPOLÉON.

N° 6.

Au Palais de Saint-Cloud, le 25 juillet 1811.

Napoléon, empereur des Français, roi d'Italie, protecteur de la confédération du Rhin, médiateur de la confédération suisse, etc.,

Sur le rapport de notre ministre de l'Intérieur,

Notre conseil d'Etat entendu,

Nous avons décrété et décrétons ce qui suit :

Art. 1er. — Le règlement pour la Société de la charité maternelle, qui sera joint au présent décret, est approuvé.

Art. 2. — Les dispositions contraires, contenues dans nos précédents décrets, sont rapportées.

Art. 3. — Tous legs ou donations faits à la Société de la charité maternelle, pourront être acceptés par elle, après qu'elle y aura été autorisée par nous, en notre conseil dans les formes prescrites pour les établissements de charité.

Art. 4. — Notre ministre de l'Intérieur est chargé de l'exécution du présent décret, qui sera inséré au Bulletin des lois.

Signé : NAPOLÉON.

Par l'Empereur,

Le ministre secrétaire d'Etat,

Signé : LE COMTE DARU.

RÈGLEMENT

TITRE I

DE LA SOCIÉTÉ DE LA CHARITÉ MATERNELLE.

Art. 1er. — La Société de la charité maternelle, formée sous la protection de S. M. l'Impératrice et Reine, conformément au décret impérial du 5 mai 1810, a pour but de secourir les pauvres femmes en couches, de pourvoir à leurs besoins, et d'aider à l'allaitement de leurs enfants.

Art. 2. — La société sera composée de toutes les dames de l'empire, qui ont souscrit et qui sont agréées par S. M. l'Impératrice.

Art. 3. — Les affaires de la société sont administrées par un conseil général, un comité central et des conseils d'administration.

Art. 4. — Il y aura un conseil d'administration dans

chacune des quarante-quatre villes désignées dans le décret impérial et dans chacune des villes chefs-lieux de département.

Art. 5. — Les dames composant ce conseil d'administration présenteront, tous les trois mois, l'état sommaire de leurs opérations et de l'emploi de leurs fonds, au comité central.

Art. 6. — Le comité central, composé des vice-présidentes, du secrétaire général, du trésorier général, de leurs substituts; de six dames du conseil d'administration de Paris, élues chaque année par le dit conseil, et de six conseillers nommés par S. M. l'Impératrice, examine les comptes des conseils d'administration, leur répartit les fonds qui leur sont nécessaires, rédige les tableaux de situation, les rapports et les projets qui doivent être soumis au conseil général, et se rassemble le 15 de chaque mois.

Il prendra les mesures qu'il jugera convenables pour établir successivement des conseils d'administration dans les chefs-lieux des départements et autres villes désignées dans le décret du 19 décembre.

Art. 7. — Le conseil général est composé des dignitaires, des dames nommées par S. M. l'Impératrice et des membres du conseil central.

Art. 8. — Il se rassemble au moins deux fois l'année, sous la présidence de S. M. l'Impératrice; quatre dames du conseil d'administration de Paris, élues chaque année par ce conseil, y assistent.

Art. 9. — Le secrétaire général y rend compte à S. M. l'Impératrice de la situation de la société; le trésorier général, de l'emploi des fonds; les quatre dames du conseil d'administration de Paris y rendent un compte particulier et détaillé des opérations de ce conseil.

C'est dans ce conseil que le comité central propose à S. M. les nominations et les modifications qu'il pourra paraître convenable d'apporter aux règlements.

TITRE II

DE L'ADMINISTRATION.

Première section.

DE L'ADMINISTRATION EN GÉNÉRAL.

Art. 10. — Les dames qui composent les conseils d'administration seront nommées par S. M. l'Impératrice, sur la proposition du conseil d'administration ; cette proposition sera soumise à S. M. par le comité central. Pour la première formation, elles seront nommées par S. M. sur la proposition du comité central.

Art. 11. — Les dames qui composaient l'administration de l'ancienne société à Paris feront partie du conseil d'administration de la nouvelle société à Paris.

Art. 12. — Le conseil d'administration sera composé de vingt-quatre dames au moins et de quarante-huit au plus.

Art. 13. — Le nombre des dames qui composeront les conseils d'administration des autres villes sera ultérieurement fixé.

Art. 14. — La liste des dames composant les conseils d'administration sera imprimée et publiée annuellement, ainsi que la liste générale des dames de la société, qui auront souscrit pour l'année courante.

Art. 15. — Les conseils d'administration tiendront leur assemblée au moins une fois par mois, pour y traiter des affaires de leur administration et y préparer les comptes qu'ils devront rendre tous les trois mois au comité central.

Art. 16. — Lorsqu'il vaquera une place de dame d'un conseil d'administration, le conseil proposera au comité central une dame pour remplir la place vacante ; le comité central soumettra cette demande à l'approbation de S. M. l'Impératrice.

Deuxième section.

DES FONDS, DE LEUR DIVISION ET DISTRIBUTION.

Art. 17. — Les fonds de la société se composent :

1° De 500,000 francs accordés par S. M. l'Empereur et roi ;

2° Du produit des souscriptions et des dons de charité.

Art. 18. — Les souscriptions faites en 1810 sont censées destinées et seront employées à pourvoir au service de 1811.

Art. 19. — A l'avenir, les souscriptions dateront du premier jour du trimestre qui suivra la déclaration de la souscription.

Art. 20. — Les souscriptions seront annuelles. On recevra des souscriptions au-dessous de la souscription portée en l'article 11 du titre II du décret du 5 mai 1810; et les personnes dont la souscription serait moindre pourront cependant être inscrites sur la liste générale dont il est parlé à l'article 14.

Art. 21. — Les fonds accordés par S. M. l'Empereur et Roi sont versés à la caisse d'amortissement ainsi que le produit des souscriptions de Paris.

Art. 22. — Le produit des souscriptions des autres villes de l'Empire sera versé dans la caisse de leur conseil d'administration.

Art. 23. — Chaque conseil d'administration, tant à Paris que dans les autres villes, aura un trésorier qu'il nommera; cette nomination doit être approuvée par le Préfet.

Art. 24. — Toutes les personnes qui voudront souscrire adresseront leurs souscriptions, soit au trésorier général de la société, soit aux trésoriers des conseils d'administration, lesquels prendront les mesures convenables pour faire rentrer les sommes souscrites, et en opérer le versement, pour Paris, à la caisse d'amortissement, et, pour les autres villes, dans la caisse de leur conseil d'administration. Les trésoriers particuliers en préviendront le trésorier général.

Art. 25. — Le trésorier général, ou son substitut, mettra tous les trois mois à la disposition du conseil d'administration de Paris, la somme qui devra lui être répartie d'après les décisions du comité central.

Art. 26. — Le comité central réglera et le trésorier général opérera la répartition des fonds accordés par S. M. l'Empereur et Roi, tant à Paris, qu'aux autres villes.

Art. 27. — Chaque conseil d'administration prendra, tous les mois, dans sa propre caisse, la somme qui aura été jugée nécessaire pour la distribution des secours.

Art. 28. — Les conseils d'administration ne doivent jamais s'engager que pour la somme qu'ils ont en caisse, ni compter sur l'espérance d'une recette extraordinaire pour remplir les promesses qu'ils feront aux mères qu'ils admettront, afin de n'être jamais exposés à manquer à leurs engagements.

Art. 29. — Les secours sont fixés, ainsi qu'il suit, à la somme de 138 francs.

Une layette . . . . 26 fr.
Frais de couche 15
Quatorze mois à 6 francs 84
En petits secours au choix de la dame. . 13
                                        ————
                          Total : 138 fr.

Art. 30. — Si ces mères reçoivent de leur comité de bienfaisance ou de quelque autre personne, une layette ou des secours appliqués à l'enfant, il sera retranché, sur ce que la société donne, une somme proportionnée à ce qu'elles auront reçu : la société voulant éviter les doubles emplois, et par là étendre ses bienfaits sur le plus d'individus possible. Elle ne regardera pas comme double emploi ce que les comités de bienfaisance accorderont à la misère de la famille entière.

Art. 31. — Les conseils d'administration engageront, dans le courant de l'année, la totalité des sommes qui leur auront été déléguées par le comité central. On comptera comme somme engagée tout ce qui sera rentré par la perte de ceux qui seront morts.

Troisième section.

DES FONCTIONS DES DAMES QUI COMPOSENT
LES CONSEILS D'ADMINISTRATION
ET DES OBLIGATIONS QU'ELLES CONTRACTENT.

Art. 32. — Si le nombre des pauvres d'un arrondissement en rendait le service trop pénible à Paris, il pourrait être divisé, en vertu d'une délibération du conseil d'administration de cette ville.

Art. 33. — Le conseil d'administration de Paris sera toujours présidé par une des vice-présidentes de la société lorsque S. M. l'Impératrice ne le présidera pas.

Art. 34. — Les dames des douze arrondissements de Paris pourront se faire aider par des personnes non comprises dans l'administration, mais présentées par elles, et agréées par le conseil d'administration.

Art. 35. — Une des vice-présidentes, ou une des dames du conseil d'administration désignée par elle pour la remplacer, sera chargée, à Paris, de signer toutes les délibérations, de surveiller la rédaction des procès-verbaux des comités et des assemblées; elle en fera tenir le registre et ceux de l'admission des enfants; elle en fera garder les rapports, extraits et certificats, sur lesquels ils auront été reçus; elle fera faire la correspondance et établir les comptes à rendre.

Art. 36. — La contribution des dames des conseils d'administration ayant des fonctions actives sera volontaire, leurs soins étant de tous les bienfaits le plus précieux; elles déposeront ce qu'elles voudront dans un tronc sur lequel sera écrit : *Contribution des dames ayant des fonctions actives.* Ce tronc sera ouvert chaque année, dans la première assemblée des conseils d'administration. La somme qui s'y trouvera sera comptée et remise au trésorier, ou à la personne qu'il aura nommée à cet effet.

TITRE III

RÈGLEMENTS RELATIFS AUX PAUVRES ET A LA CLASSE QUI DOIT ÊTRE APPELÉE AUX DONS DE LA SOCIÉTÉ DE LA CHARITÉ MATERNELLE.

Art. 37. — Les personnes secourues par la société de la charité maternelle sont divisées en deux classes.

Première classe. — Les femmes qui, ayant perdu leur mari pendant leur grossesse, auront au moins un enfant vivant.

Celles qui, ayant au moins un enfant vivant, auront un mari tout à fait estropié ou attaqué d'une maladie qui ne lui permettra pas de se livrer au travail nécessaire à la subsistance de sa famille.

Celles qui étant infirmes elles-mêmes auront deux enfants vivants.

Deuxième classe. — Toutes les familles chargées au moins de deux enfants vivants, dont l'aîné sera en bas âge : on comptera les enfants de différents lits au-dessous de quatorze ans.

Art. 38. — Les mères, pour être admises, se présenteront dans le dernier mois de leur grossesse. La dame de leur arrondissement prendra sur elles les renseignements les plus positifs. S'il arrivait qu'elles eussent ignoré l'existence de la Société, ou qu'elles eussent espéré pouvoir s'en passer, il serait encore temps de les proposer dans le premier mois de leur accouchement, mais elles ne recevraient pas les frais de couche.

Art. 39. — Pour être admises, les mères fourniront une copie de leur extrait de mariage, un certificat d'indigence et de bonnes mœurs de leur comité de bienfaisance, un certificat signé du principal locataire ou de quelques voisins, lesquels attesteront que le mari et la femme vivent bien ensemble, et le nombre de leurs enfants vivants. Les veuves ajouteront à ces titres l'extrait mortuaire de leur mari, et les infirmes, des certificats de médecin ou de chirurgien.

5*

Leurs certificats seront écrits en entier de la main de ceux qui les donneront. Ces certificats seront faits sur papier libre.

Art. 40. — Si on venait à découvrir qu'une mère eût trompé la société sur le nombre de ses enfants ou sur les autres conditions imposées, elle serait privée des dons qu'elle n'aurait obtenus que sur un faux rapport, elle les perdrait également, si l'on s'apercevait qu'elle en fit un mauvais usage.

Art. 41. — Ces mères prendront l'engagement de nourrir elles-mêmes ou d'élever au lait leurs enfants, si par quelque cause extraordinaire elles ne pouvaient pas nourrir.

Si elles viennent à tomber malades assez serieusement pour être obligées de cesser la nourriture, elles feront avertir la dame chargée de veiller sur elles. Celle-ci amènera un médecin ou chirurgien, lequel constatera l'état de la mère et de l'enfant; et s'il est nécessaire de donner une autre nourrice à l'enfant, la dame en enverra chercher une, le lui remettra, et se chargera de la dépense, quoiqu'elle doive excéder la somme engagée à chaque enfant.

Art. 42. — Lorsque les mères admises seront accouchées, elles enverront l'acte de naissance de leurs enfants à la dame chargée d'elles : cette dame leur fera remettre une layette, s'y transportera ou y enverra une personne sûre pour examiner l'état de la mère et de l'enfant; et tout le temps qu'elle en sera chargée, elle suivra cette famille avec la plus scrupuleuse attention, pour juger si elle fait un bon emploi des secours que la société lui accorde.

Art. 43. — Lorsqu'une mère viendra à mourir pendant le temps d'adoption d'un enfant, la Société continuera de le soigner jusqu'à l'expiration de ce temps.

Art. 44. — Chacun des conseils d'administration des villes de l'Empire, en se conformant aux bases de morale, d'économie et de justice indiquées par le présent règlement, pourra, par un règlement particulier, y faire les modification jugées nécessaires, suivant les localités, et le prix des matières et des denrées; mais ces modifications devront être approuvées par le comité central.

DISPOSITIONS GÉNÉRALES

Art. 45. — Tous les enfants adoptés par la société seront vaccinés par les soins et aux frais du conseil d'administration.

Art. 46. — Dans l'administration de la Société de la charité maternelle, toutes les fonctions seront gratuites, hors celles d'un agent près du conseil d'administration de Paris et d'autres agents près des conseils des autres villes où il pourra en être besoin. Ces agents feront les fonctions de secrétaire du conseil. Le traitement de ces agents sera fixé par le comité central, sur la proposition des conseils d'administration ; ils seront nommés par les conseils.

Art. 47. — En imprimant la liste générale des dames de la société, celle du conseil général ainsi que celle des dames composant les conseils d'administration, on ne fera mention sur aucune de ces listes de la quotité des souscriptions.

Art. 48. — Les conseils d'administration qui recevront les dons de la charité, en donneront avis au trésorier général. Le montant en sera versé, à Paris, dans la caisse d'amortissement ; et dans les autres villes de l'Empire, dans la caisse de leur conseil d'administration.

Les noms des donateurs seront rendus publics par les soins du trésorier général.

Art. 49. — Les produits des souscriptions de chaque arrondissement de l'Empire seront employés exclusivement dans cet arrondissement, à moins que les donateurs n'en aient autrement disposé.

Art. 50. — Le secrétaire général est chargé de faire toutes les convocations ordonnées par S. M. l'Impératrice; il contre-signe les brevets des dames, signés par S. M. l'Impératrice.

Art. 51. — Le vicaire général de la grande aumônerie est substitut du secrétaire général.

Le substitut du trésorier général est nommé par S. M. l'Impératrice.

Art. 52. — Les convocations du comité central se font par une des vice-présidentes.

Certifié conforme,

Le ministre secrétaire d'Etat,

Signé : Le Comte Daru.

N° 7.

NOTE POUR SERVIR D'INSTRUCTION AUX DAMES QUI VEULENT FORMER DANS LES VILLES DE L'EMPIRE DES CONSEILS D'ADMINISTRATION DE LA SOCIÉTÉ MATERNELLE.

Art. 1er. — Les dames qui désirent former un conseil de Société maternelle doivent se réunir, après en avoir demandé l'autorisation au Préfet, par l'intermédiaire du maire de la ville qu'elles habitent.

Elles doivent avoir soin de n'admettre parmi elles que des dames dont la conduite et l'existence dans la société les mettent dans le cas de pouvoir espérer de voir leur nomination confirmée par S. M. l'Impératrice.

Art. 2. — Elles doivent s'informer par tous les moyens possibles, et avec la plus grande exactitude, du nombre des mères et des enfants qui exigeraient annuellement des secours dans la ville qu'elles habitent.

Art. 3. — Elles doivent élire entre elles une présidente et un trésorier, et soumettre la nomination du trésorier à l'approbation du préfet.

Art. 4. — Ces opérations étant faites, les dames se rassembleront et formeront deux tableaux, l'un contenant la liste des souscripteurs, et la somme des souscriptions, et l'autre le nombre des mères et enfants qu'il faudrait secourir et la somme qui serait nécessaire pour atteindre ce but charitable.

Art. 5. — Pour bien composer le second tableau, les dames consulteront le règlement de la société de Paris, où l'on trouve détaillé ce qu'on doit donner en argent et en effets à chaque mère secourue, en observant que la somme pour secourir chaque mère devrait être moins considérable que dans une grande ville comme Paris.

Art. 6. — Ce travail étant terminé la présidente écrira à Mgr le cardinal Fesch, secrétaire général de la société et le trésorier élu écrira à S. E. M. le comte Dejean, trésorier général de la société, pour les informer en détail de la formation provisoire du conseil, en les priant d'obtenir, par le comité central, l'approbation de S. M. l'Impératrice.

Art. 7. — La présidente et le trésorier joindront à leur lettre la liste des dames, la liste des souscripteurs et les deux tableaux dont il est question dans les articles 4 et 5.

Art. 8. — La présidente et le trésorier adresseront au préfet la copie de ce qu'ils auront adressé au secrétaire et au trésorier général.

Art. 9. — Les dames qui auront formé un conseil de société maternelle ne peuvent espérer de secours sur les 500.000 francs accordés par l'Empereur comme dotation de la société, et demander des brevets pour les dames administrantes que dans les cas et de la manière suivante :

1° Lorsque le conseil aura exécuté toutes les dispositions prescrites par les articles précédents.

2° Lorsqu'il aura déjà distribué des secours pendant six mois au moins, et qu'il aura prouvé par là son activité.

3° Lorsque le nombre des pauvres mères à secourir excédera le nombre de celles auxquelles les souscriptions peuvent permettre de donner des secours.

4° Les dames qui composent le conseil doivent être prévenues qu'elles ne peuvent espérer qu'un secours proportionné à la somme des souscriptions qu'elles auront faites ou obtenues dans les villes qu'elles habitent.

Art. 10. — Pour obtenir ces secours la présidente et le trésorier s'adresseront à M. le comte Dejean, trésorier général de la Société maternelle.

Art. 11. — Les conseils d'administration ne doivent pas oublier que le but principal de la société maternelle est de conserver l'existence à des enfants que la misère de leurs parents aurait pu faire abandonner, ou le besoin faire périr ; que des secours une fois donnés ne peuvent remplir ce but et sont illusoires : qu'il importe qu'ils aient douze à quinze mois de durée pour produire tout l'effet qu'on doit en attendre, et que le motif de secourir un plus grand nombre d'individus ne peut les faire réduire au-dessous de six mois.

La modicité des fonds disponibles ne doit pas faire changer les bases de l'institution : il faut alors diminuer le nombre des individus à secourir, et choisir les plus nécessiteux.

Art. 12. — Les dames se rappelleront que tous les secours doivent être distribués par les dames elles-mêmes.

Qu'on ne peut rien prendre sur les souscriptions pour aucun frais de bureau et pour aucune fonction quelconque, hors celle d'un secrétaire ou agent que le conseil peut solder.

Art. 13. — Aucun conseil d'administration de la société maternelle ne peut obtenir l'approbation nécessaire pour confirmer son organisation et son existence, qu'après avoir rempli strictement toutes les dispositions contenues dans les articles 1, 2, 3, 4, 5, 6, 7, 8 de la présente instruction.

Art. 14. — Le maximum du nombre des dames administrantes dans les villes de 8000 âmes et au-dessus sera de douze au plus : dans les villes de 40.000 à 80.000 âmes, il sera de dix dames administrantes au plus : dans les villes de 20.000 à 40.000 âmes, huit dames administrantes au plus : dans les villes de 10.000 à 20.000 âmes, six dames au plus, et dans les villes au-dessous de 10.000 âmes, quatre dames au plus.

Les dames qui dépasseront ce nombre seront *Dames agrégées* et ne pourront prétendre à être *Dames brevetées* qu'en cas de vacance.

Art. 15. — Les trésoriers des conseils d'administration pourront se contenter d'adresser tous les six mois, pourvu qu'ils le fassent avec exactitude, les comptes qui leur étaient demandés tous les trois mois par le règlement.

Ces comptes seront réglés au 30 juin et au 30 décembre de chaque année, et devront parvenir à S. E. le trésorier général, les premiers dans le courant de juillet, les seconds dans le courant de janvier.

Les conseils d'administration dont les comptes ne seront point parvenus à ces époques ne pourront pas être compris par le comité central dans la répartition des fonds du semestre.

Les vice présidentes :

Signé : Comtesse DE SÉGUR, comtesse PASTORET.

Le secrétaire général :

Signé : LOUIS †, évêque de Versailles.

Le trésorier général :

Signé : Le comte DEJEAN.

N° 8.

Au château des Tuileries, le 31 octobre 1814.

Louis, par la grâce de Dieu, roi de France et de Navarre :

Sur le rapport de notre ministre, secrétaire d'État au département de l'intérieur ;

Notre conseil d'état entendu ;

Nous avons ordonné et ordonnons ce qui suit :

Art. 1er. — L'organisation donnée par les décrets des 5 mai 1810 et 25 juillet 1811 à la Société maternelle est dissoute.

Art. 2. — La Société de charité maternelle de Paris reprendra immédiatement le régime qu'elle suivait antérieurement au décret du 5 mai 1810.

Art. 3. — Les conseils d'administration établis dans les départements ne continueront leurs fonctions que jusqu'à l'épuisement des sommes qu'ils ont en ce moment en caisse, ou des secours qui pourront leur être accordés en vertu de l'article suivant.

Art. 4. — Notre ministre secrétaire d'état de l'intérieur répartira la somme de 85.920 fr. 03 cent., qui se trouvait, au 1er juin 1814, dans la caisse d'amortissement, au crédit de la Société maternelle, entre la société de Paris et les conseils d'administration des départements, d'après le compte qu'il se fera rendre des besoins respectifs des sociétés, des engagements qu'elles ont pris, et des promesses qui leur ont été faites.

Les fonds ainsi répartis ne sont mis à la disposition des conseils d'administration que de mois en mois, par portion égale.

Art. 5. — Il pourra être établi, sous l'approbation de notre ministre de l'intérieur, des sociétés de charité maternelle, à l'instar de celle de Paris, dans les villes qui, par leur population, peuvent exiger une institution de ce genre, et où il se présentera un nombre de souscripteurs suffisant.

Les règlements et les comptes de ces sociétés seront soumis à l'approbation de notre ministre de l'intérieur.

Art. 6. — Il sera mis chaque année, à compter de 1815, à la disposition de notre ministre de l'intérieur, une somme de 100.000 francs, pour être distribuée, à titre de secours, aux sociétés de charité maternelle ; sur ces 100.000 francs, 40.000 fr. seront affectés à la société de Paris, et le surplus sera réparti entre les sociétés des départements.

Cette somme de 100.000 fr. sera comprise chaque année dans le budget du ministère de l'intérieur.

Art. 7. — Les sociétés de charité maternelle sont placées sous la protection de notre bien-aimée nièce la duchesse d'Angoulême, qui présidera, en cette qualité, lorsqu'elle le jugera convenable, la Société de charité maternelle de Paris.

Les résultats obtenus par les diverses sociétés maternelles sont mis annuellement sous ses yeux, par notre ministre de l'intérieur.

Art. 8. — Notre ministre secrétaire d'état de l'intérieur est chargé de l'exécution de la présente ordonnance.

Donné en notre château des Tuileries le 31 octobre de l'an de grâce 1814 et de notre règne le vingtième.

Signé : LOUIS.

Par le roi :

Le ministre secrétaire d'état de l'intérieur,

Signé : L'ABBÉ DE MONTESQUIOU.

N° 9.

RÈGLEMENTS DE LA SOCIÉTÉ DE CHARITÉ MATERNELLE

(Extraits des règlements de l'ancienne société approuvés par la reine).

Ces règlements sont divisés en trois parties :
La première traite de la société en général ;
La seconde de l'administration ;
La troisième, des pauvres appelés aux dons de la société.

PREMIÈRE PARTIE

DE LA SOCIÉTÉ EN GÉNÉRAL

Le plan que s'est tracé la Société maternelle ne peut obtenir son exécution que de la réunion des secours et des efforts de la charité; aussi cette société est-elle proposée à toutes les personnes bienfaisantes et sensibles qui consen-tiront à y contribuer par leurs dons et par leurs soins.

Art. 1er. — Toutes les personnes qui auront l'intention de souscrire paieront chaque année, dans le courant de janvier, la somme de 50 francs.

Art. 2. — La Société de charité maternelle comptera au nombre de ses associés, non seulement les souscripteurs, mais toutes les personnes qui lui feront des dons réglés ou momentanés en argent, en layettes ou autrement. On fera une liste de toutes les personnes qui voudront bien se faire connaître : elle sera intitulée : *Liste des souscripteurs et bien-faiteurs.*

Art. 3. — La Société de charité maternelle, pour parve-nir à son but, doit devenir très nombreuse ; c'est pour cette raison que toutes sortes de personnes, de tout âge, de tout sexe et de tout état, y sont appelées. C'est une association de bienfaisance qui n'exige que la volonté de contribuer, suivant ses facultés, à cette bonne œuvre. Mais en appelant ainsi le public à cette association, la société s'est ôté la possibilité d'établir des assemblées générales de tous les souscripteurs et bienfaiteurs. Ne pouvant donc point recueillir toutes les opinions dans les assemblées, elle y a suppléé par une correspondance réglée, afin que tous les souscripteurs et bienfaiteurs, ainsi que les dames dont les occupations sont un obstacle aux fonctions de la société de charité maternelle, puissent, par cette correspondance, connaître sa situation.

Art. 4. — Tous les souscripteurs et bienfaiteurs recevront chaque année la liste des noms, demeures et fonctions des personnes de l'administration, afin qu'ils puissent s'adresser à elles pour les projets et avis à proposer, relatifs au bien de la société ou au soulagement des pauvres.

Art. 5. — Il sera envoyé tous les ans, à tous les souscripteurs et bienfaiteurs, un état de la situation de la société, contenant les détails ci-après.

L'état de la recette provenue des souscriptions et dons ;

Le détail des sommes dépensées, des sommes engagées et des sommes libres.

Le nombre des enfants adoptés et des enfants morts.

SECONDE PARTIE

DE L'ADMINISTRATION

Cette seconde partie sera divisée en trois sections.

La première traitera de l'administration en général ;

La deuxième, de la division et distribution des fonds ;

La troisième, des fonctions du comité d'administration.

Première section.

De l'administration en général.

Les dames faisant partie de la société ne seront pas toutes obligées de se charger des fonctions actives. Celles dont les

---

occupations ne le permettent pas ne prendront d'autre part dans l'administration que celle d'assister aux assemblées générales.

Art. 1er. — Toutes les fonctions de la Société maternelle sont gratuites.

Art. 2. — Pour être admise au comité d'administration ou à l'assemblée générale de la charité maternelle, il faudra être proposée à un comité d'administration par une dame déjà dans l'administration. Au comité suivant, on ira au scrutin ; et si la dame est admise, celle qui l'aura proposée l'en instruira de la part de la société.

Son Altesse Royale se fait instruire du nom de la dame proposée avant le scrutin ; et c'est après avoir obtenu son assentiment que le comité élit.

Art. 3. — La liste des dames composant l'administration sera mise en tête de celle des souscripteurs et bienfaiteurs de la société.

Art. 4. — Elles se réuniront une fois par an dans des assemblées générales. On y traitera des intérêts de la société ; on y fera les élections et on y entendra les comptes avant qu'ils soient imprimés.

Art. 5. — L'assemblée générale élira ou confirmera chaque année son trésorier.

Son Altesse Royale Madame, duchesse d'Angoulême, ayant daigné prendre le titre de protectrice et présidente de la société, a nommé trois vice-présidentes à vie, qui président alternativement les comités d'administration.

Seconde section.

Division et distribution des fonds.

La charité maternelle ne doit jamais s'engager que pour la somme qu'elle a en caisse, ni compter sur l'espérance d'une recette à venir pour remplir les promesses qu'elle fera aux mères qu'elle admettra, afin de n'être jamais exposée à manquer à ses engagements.

Art. 1er. — Les secours que la Société maternelle accorde

aux enfants adoptés seront réglés d'après la somme de recette pendant l'année; l'expérience de trente années ayant démontré qu'un secours trop faible ne remplit pas le but de la Société maternelle: de même aussi que les parts plus fortes, qui borneraient à un très petit nombre de familles les bienfaits de l'institution, seraient contraires à l'esprit de justice et de charité qui la soutient et la conserve.

Art. 2. — Si des mères admises reçoivent de leur comité de bienfaisance une layette ou des secours appliqués à l'enfant, il sera retranché, sur ce que la société donne, une somme proportionnée à ce qu'elles auront reçu ; la société voulant éviter les doubles emplois et par là étendre ses bienfaits sur le plus d'individus possible. Elle ne regardera pas cependant comme double emploi ce que les comités de bienfaisance accordent à la misère de la famille entière.

Art. 3. — L'administration engagera dans le courant de l'année la totalité de sa recette. On comptera comme somme engagée tout ce qui doit être payé aux enfants vivants ; comme somme libre tout ce qui sera rentré par la perte de ceux qui sont morts.

Art. 4. — Chaque fois qu'il se trouvera en caisse une somme suffisante, il sera fait un partage : la société étant empressée de répandre le plus promptement possible les dons qu'elle est chargée de distribuer.

Art. 5. — A chacune de ces divisions de fonds, les parts qui en résulteront seront distribuées aux douze arrondissements, dans la proportion de leur étendue et de leur population et par conséquent du nombre des pauvres qu'ils renferment, ce qui sera expliqué par un règlement particulier.

Troisième section.

Des fonctions des dames qui composent le comité d'administration et des obligations qu'elles contractent.

La Société de charité maternelle a été établie par des femmes, parce que ce sont elles que la Providence a plus particulièrement appelées au secours de l'enfance et des

mères indigentes et que leur sensibilité doit leur faire plus
facilement surmonter les dégoûts attachés aux détails de la
misère.

Art. 1er. — Le comité d'administration de la charité maternelle pourra être composé de quarante-huit dames, une
par chaque quartier de Paris.

Art. 2. — Les quarante-huit dames et les trois vice-présidentes formeront le comité administratif. Elles se réuniront, une des vice-présidentes faisant les fonctions de secrétaire, deux fois par mois, pour faire les rapports sur les
pauvres mères qu'elles auront à proposer et pour traiter les
affaires de la Société.

Art. 3. — Le caractère distinctif de la Société maternelle
est principalement dans les rapports qu'elle établit entre
les mères de famille pauvres et les dames riches et charitables qui veillent à leurs besoins, qui les consolent et les
rendent meilleures par leurs avis répétés. Pour remplir ce
but, il est nécessaire qu'aucune dame ne puisse absolument
se faire remplacer dans ses fonctions, si ce n'est par une
des dames du comité qui signera ses rapports, ou par les
sœurs de charité de son arrondissement.

Art. 4. — La vice-présidente remplissant les fonctions de
secrétaire signera les délibérations, les feuilles d'admission
des pauvres femmes et sera chargée de la rédaction des
procès-verbaux des assemblées. Le trésorier tiendra le registre de l'admission des enfants, aura la garde des rapports,
extraits et certificats sur lesquels ils auront été reçus. Il
sera chargé de la correspondance générale et des comptes
à rendre.

Art. 5. — Le trésorier recevra toutes les souscriptions
et tous les dons, en donnera des quittances en son nom et
sera chargé de toute la dépense. Les quarante-huit dames
compteront avec lui et régleront leurs comptes au moins
tous les trois mois.

Art. 6. — La contribution des dames administrantes en
activité sera volontaire, leurs soins étant de tous les bienfaits le plus précieux. Elles déposeront leur offrande dans
un tronc sur lequel il sera écrit : *Contribution des dames du*

comité d'administration. Ce tronc sera ouvert à la fin de l'assemblée qui sera tenue au commencement de chaque année : la somme qui s'y trouvera sera comptée et remise au trésorier.

TROISIÈME PARTIE

RÈGLEMENTS RELATIFS AUX PAUVRES, ET A LA CLASSE QUI DOIT ÊTRE APPELÉE AUX DONS DE LA SOCIÉTÉ MATERNELLE.

Tous les enfants légitimes qui naissent au sein de l'indigence sont appelés à l'adoption de la charité maternelle : c'est pour les préserver de la mort, de l'abandon, et de toutes les suites funestes de la misère, qu'elle s'est établie : mais sa surveillance ne pouvant s'étendre encore sur tous ceux qui ont le droit de réclamer ses soins, elle se borne à présent à y appeler les deux classes qui lui ont paru les plus malheureuses.

Art. 1er. — Première classe. — Les femmes qui, ayant perdu leur mari pendant leur grossesse, auront au moins un enfant vivant.

Celles qui, ayant au moins un enfant vivant, auront un mari tout à fait estropié ou attaqué d'une maladie chronique ;

Celles qui, étant infirmes elles-mêmes, auront deux enfants vivants.

Deuxième classe. — Toutes les grandes familles au moins de trois enfants vivants, dont l'aîné sera en bas âge : on comptera les enfants de différents lits au-dessous de quatorze ans.

Art. 2. — Les mères, pour être admises, se présenteront dans le dernier mois de leur grossesse : la dame de leur arrondissement prendra sur elles les renseignements les plus positifs. S'il arrivait qu'elles eussent ignoré l'existence de la société, ou qu'elles eussent espéré pouvoir s'en passer, il serait encore temps de les proposer dans le premier mois de leur accouchement mais elles perdraient les frais de couches.

Art. 3. — Pour être admises, les mères fourniront une copie de leur extrait de mariage devant l'église ; un certificat d'indigence et de bonnes mœurs, de leur comité de bienfaisance ; un certificat signé de leur principal locataire ou de quelques voisins, lesquels attesteront que le mari et la femme vivent bien ensemble, et le nombre de leurs enfants vivants. Les veuves ajouteront à ces titres l'extrait mortuaire de leur mari, et les infirmes des certificats de médecins ou de chirurgiens.

Art. 4. — Si l'on venait à découvrir qu'une femme eût trompé la société sur le nombre de ses enfants, ou sur les autres conditions imposées, elle serait privée des dons qu'elle aurait obtenus sur un faux rapport. Elle les perdrait également si l'on s'apercevait qu'elle en fît un mauvais usage.

Art. 5. — Les mères prendront l'engagement de nourrir elles-mêmes, ou d'élever au lait leurs enfants, si, par quelques causes extraordinaires, elles ne pouvaient pas nourrir. Si elles viennent à tomber malades assez sérieusement pour être obligées de cesser la nourriture, elles feront avertir la dame chargée de veiller sur elles ; celle-ci amènera un médecin ou chirurgien, lequel constatera l'état de la mère et de l'enfant ; et s'il est nécessaire de donner une autre nourrice à l'enfant, la dame en enverra chercher une, le lui remettra, et se chargera de la dépense pourvu qu'elle n'excède pas de plus d'un quart la somme engagée à chaque enfant.

Art. 6. — Lorsque les mères admises seront accouchées, elles enverront l'acte de naissance de leur enfant à la dame chargée d'elles : cette dame leur fera remettre une layette, s'y transportera ou y enverra une personne sûre, pour examiner l'état de la mère et de l'enfant : elle suivra cette famille avec la plus scrupuleuse attention, pour juger si elle fait un bon emploi des secours que la société lui accorde.

Art. 7. — Lorsqu'une mère viendra à mourir pendant le

temps d'adoption d'un enfant, la société continuera de le soigner jusqu'à l'expiration de ce temps.

Les frais qui excèderont ce que donne la société seront pris sur la réserve faite à chaque partage.

N° 10.

Art. 1er. — La Société de charité maternelle de Dijon a pour objet d'assister les pauvres femmes en couches, de les encourager à nourrir elles-mêmes leurs enfants, de prévenir ainsi les expositions, et de préserver les enfants nouveau-nés des suites de l'abandon et du dénuement.

La société accorde ses secours aux femmes pauvres et aux enfants nés de parents pauvres, sans distinction des cultes auxquels ces femmes ou ces enfants appartiennent.

Art. 2. — Sont membres de la société, les personnes qui souscrivent pour une cotisation annuelle, dont le minimum sera déterminé par le conseil d'administration de la société dans son règlement intérieur, ou qui s'engagent à faire chaque année à la Société, en layettes ou autres objets, un don d'une valeur au moins égale à ce minimum.

Art. 3. — Les ressources de la société consistent dans :

1° Le montant des souscriptions annuelles ;

2° Le montant des dons qui lui sont faits;

3° Le montant des quêtes autorisées, faites à domicile ou dans les églises et temples;

4° Les rentes et capitaux appartenant à la société ;

5° Les donations et legs qui peuvent être faits à son profit par des personnes bienfaisantes;

6° Enfin, la part des ressources attribuées chaque année à la société dans les allocations comprises au budget de l'Etat.

Art. 4. — La société est administrée par un conseil composé de neuf dames, appelées *dames administrantes*. Leur élection a lieu tous les cinq ans, en assemblée générale et au scrutin secret.

On procédera ensuite, et de la même manière, à l'élection d'une présidente et d'une vice-présidente de l'Œuvre ; elles devront être choisies parmi les dames administrantes. Toutes ces élections seront transmises au préfet du département.

Art. 5. — En cas de vacance parmi les dames composant le conseil, il est procédé au remplacement dans le délai d'un mois, en assemblée du conseil réuni à cet effet par convocation spéciale.

Les dames ainsi nommées ne le sont que pour le temps pendant lequel seraient restées en fonctions les dames qu'elles sont appelées à remplacer.

Art. 6. — Il est nommé de la même manière un trésorier et un secrétaire.

La nomination du trésorier et du secrétaire est également transmise au préfet.

Le trésorier et le secrétaire assistent à toutes les réunions et délibérations du conseil ; ils y ont voix consultative.

Le trésorier peut suppléer le secrétaire.

Art. 7. — Toutes les fonctions de la société sont gratuites.

Art. 8. — Le conseil d'administration se réunit au moins une fois par trimestre.

Il dresse le budget de la société ; il reçoit les comptes, les examine et les approuve, s'il y a lieu ; il statue sur les demandes d'admission aux secours par les dames sociétaires ; il traite en un mot toutes les affaires de la société.

Art. 9. — Les dames sociétaires se réunissent une fois chaque année en assemblée générale. Dans cette réunion il est donné lecture de l'état de situation de la société, et il peut être traité de toutes les questions qui l'intéressent.

Art. 10. — On profitera de la présence des sociétaires pour leur distribuer une feuille contenant :

1° Un aperçu de la situation financière ;

2° La liste des associées, en désignant celles qui sont attachées à tel quartier ou paroisse ;

3° Les noms des médecins et des accoucheuses avec les adresses.

Art. 11. — Le budget primitif de la société est, dans la

6*

première quinzaine du mois de novembre, et le budget supplémentaire, s'il y a lieu, dans la première quinzaine du
mois d'août, adressé au préfet, pour être soumis par lui, en
double expédition, à l'approbation du ministre de l'Intérieur.

Art. 12. — Les comptes sont adressés, en double expédition, dans la seconde quinzaine de février, au préfet du
département, qui les transmet immédiatement, avec ses
observations, au ministre de l'Intérieur pour être soumis à
son approbation, conformément à l'ordonnance royale du
21 octobre 1814.

Art. 13. — Un règlement particulier déterminera le mode
de comptabilité, l'importance et la nature des secours à accorder aux mères et enfants pauvres, les conditions d'admission aux secours, et tous les autres détails de l'administration de la société.

Ce règlement sera soumis à l'approbation du ministre
de l'Intérieur.

Art. 14. — Aucune addition ou modification ne pourra
être apportée aux présents statuts, qu'autant que la proposition en aura d'abord été lue au conseil et déposée sur le
bureau ; qu'elle aura été discutée et votée à un mois d'intervalle, dans une séance extraordinaire, spécialement convoquée pour cet objet ; qu'elle aura réuni les deux tiers
des voix des membres du conseil en exercice, et qu'elle
aura été approuvée par arrêté du chef du Gouvernement.

Délibéré à Dijon, en conseil d'administrantes, le 6 mai
1874.

Adopté par le Conseil d'Etat, dans sa séance du 7 janvier 1875.

*Le maître des requêtes, secrétaire général
du Conseil d'Etat,*

Signé : Fouquier.

RÈGLEMENT

DE LA SOCIÉTÉ DE CHARITÉ MATERNELLE

de Dijon.

Extrait du registre des délibérations du conseil d'administration de la Société de charité maternelle.

Séance du lundi 4 mai 1874.

Etaient présents :

MM^{mes} DE BERBIS, *présidente ;*

    R. DE SAINT-SEINE, *vice-présidente;*

    DE BRETENIÈRES, MOREL, DREVON, PITIOT, D'ES-TOCQUOIS, *dames administrantes;*

MM. MILSAND, *trésorier ;* Paul FOISSET, *secrétaire.*

Considérant qu'il résulte de l'article 13 desdits statuts qu'il doit être fait un règlement particulier, ayant pour objet de déterminer le mode de comptabilité, l'importance et la nature des secours à accorder, les conditions d'admission aux secours et tous les autres détails de l'administration ;

Considérant, en outre, qu'une bonne administration peut seule assurer la prospérité de l'établissement, et qu'il est indispensable, pour arriver à ce but, de déterminer les attributions de chacun des membres de la société, de prescrire des mesures d'ordre et d'économie propres à en ménager les ressources et à assurer l'emploi convenable des secours distribués ;

Voulant de plus tracer des règles invariables et précises pour l'accomplissement des devoirs que les dames sociétaires auront à remplir, le conseil d'administration, spécialement convoqué par Mme la présidente, conserve en partie les dispositions établies en 1852, les modifie en plusieurs endroits,

y joint quelques nouvelles résolutions et fixe enf'a son règlement comme il suit :

TITRE PREMIER

Du but de la société, de sa composition.

Art. 1er. — Le but général de la société est de secourir
les femmes pauvres pendant leurs couches, de pourvoir à
leurs besoins, de les aider pendant l'allaitement. de leurs
enfants, et encore, en cas de maladies graves ou de décès
des mères, de procurer des nourrices aux enfants, en aidant
au paiement des mois de leurs pensions.

Art. 2. — Les personnes charitables qui désireront être
membres de la société seront tenues de prendre l'engagement de payer une cotisation annuelle qu'elles détermine-
ront, mais qui ne pourra être au-dessous de 20 fr. ; ou de
donner, en layettes ou autres objets, une valeur au moins
égale à ce minimum.

Art. 3. — La société reçoit avec reconnaissance tous les
dons qui lui sont faits, soit en argent, soit en nature, quelle
qu'en soit la modicité. Les donateurs qui se seront fait connaître seront inscrits, sous le titre de bienfaiteurs, sur la
liste qui doit être imprimée chaque année en conformité de
l'article 32 ci-après.

Art. 4. — Les membres de la société et les bienfaiteurs
recevront le compte annuel de la société, contenant le détail
sommaire des recettes et des dépenses, lequel sera suivi de
la liste des sociétaires et des bienfaiteurs.

Les bienfaiteurs pourront adresser les femmes enceintes
auxquelles ils s'intéressent à Mme la présidente ou à Mme la
vice-présidente avec leurs recommandations et le conseil
d'administration se fera un devoir tout particulier de les
admettre aux secours de la société, toutes les fois qu'elles
rempliront les conditions voulues par les statuts et règlement.

TITRE II

De l'administration en général.

Art. 5. — L'administration immédiate de la société, sous la surveillance de l'autorité supérieure, appartient aux dames faisant partie du conseil établi en conformité de l'article 4 des statuts. Leur assentiment est nécessaire pour l'exécution de toutes les mesures administratives.

Art. 6. — Les décisions du conseil devront être prises à la pluralité des voix ; en cas de partage, Mᵐᵒ la présidente a voix prépondérante. Si elle n'assiste pas à la réunion, ce même avantage appartient à Mᵐᵒ la vice-présidente, qui la remplace.

Cinq membres au moins sont nécessaires à la validité des délibérations ; néanmoins, il suffira de la présence de trois dames du conseil pour statuer sur l'admission aux secours des femmes présentées.

Art. 7. — Le conseil s'assemblera au moins une fois chaque mois, à l'exception des mois de septembre et d'octobre. Mᵐᵉ la présidente pourra convoquer extraordinairement les dames du conseil toutes les fois qu'elle le jugera nécessaire aux intérêts de la société.

Art. 8. — Le conseil d'administration, dans la réunion du mois de novembre, arrête le budget des recettes et des dépenses de l'année suivante ; il fixe, d'après les ressources présumées, le nombre des femmes en couches qui pourront être secourues dans ladite année.

A la séance du mois d'août, il dresse, s'il y a lieu, le budget supplémentaire de l'année courante.

Enfin, dans la séance du mois de février, il vérifie et arrête définitivement le compte des recettes et dépenses, tant en deniers qu'en nature, présenté par le trésorier pour l'année écoulée.

Art. 9. — Cinq médecins accoucheurs seront attachés à la société. Ils devront prêter leur ministère gratuitement toutes les fois qu'ils en seront requis. Une de leurs attribu-

tions sera de vacciner les enfants secourus. Choisis par le
conseil d'administration, leur nomination sera soumise à
l'approbation de M. le préfet.

Art. 10 — Outre les médecins, dont il vient d'être parlé,
des sages-femmes seront désignées par le conseil pour faire
à l'ordinaire les accouchements des femmes admises aux
secours et donner tant à elles qu'aux nouveau-nés les soins
d'usage.

Les sages-femmes seront au nombre de sept, demeurant
chacune dans l'un des cantons de la ville.

Elles n'auront rien à réclamer en dehors du prix établi
par le conseil et consenti par elles à l'avance. Ce prix, qui
pourra varier d'une année à l'autre, est fixé jusqu'à nouvel
ordre à 5 fr. par couches.

Les noms et adresses des médecins et des sages-femmes
seront imprimés à la suite de la liste des dames de la société,
qui doit être distribuée chaque année.

Art. 11. — La distribution des secours à donner aux
femmes en couche et à leurs enfants, ainsi que la surveillance de leur emploi, sont confiées exclusivement aux dames
sociétaires, qui en seront moralement responsables. A cet
effet, les administrantes et celles des sociétaires qui veulent
prendre une part active à l'œuvre, se partageront la ville
par quartiers ou paroisses. Toute femme qui voudra être
secourue s'adressera à l'une des dames chargées de la circonscription qu'elle habite. Faite de plus près, l'enquête
devra être très sérieuse et l'admission aura lieu sous la
responsabilité expresse de celle qui aura examiné la demande.
La liste des dames de circonscription sera destinée non-
seulement aux sociétaires, mais encore aux sœurs de charité.

Art. 12. — Toutes les décisions du conseil d'administration seront consignées, par le secrétaire, sur un registre à
ce destiné, et sur lequel il mentionnera les secours accordés et les dépenses autorisées.

Les noms des dames qui auront pris part aux délibérations seront rapportés en tête du procès-verbal de chaque
séance, dont il sera donné lecture à la séance suivante.

Les dames non présentes à la réunion ne peuvent revenir sur les délibérations prises en leur absence.

Chaque procès-verbal, après avoir été lu et reconnu exact, sera signé par Mme la présidente de la réunion et le secrétaire.

Les extraits des délibérations à produire seront délivrés et certifiés conformes par le secrétaire ; ils porteront en outre le visa de Mme la présidente.

Art. 13. — Indépendamment de la tenue du registre des délibérations dont il a été parlé en l'article précédent, le secrétaire est chargé de la correspondance générale et de la conservation des archives.

Art. 14. — Le trésorier effectue toutes les recettes et dépenses ; il prépare les budgets, tient les registres de comptabilité, matière et deniers ; dresse le compte de gestion de chaque année dans le courant du premier mois de l'année qui suit, conformément aux articles 11 et 12 des statuts ; se conformant, pour la tenue des écritures, aux règles prescrites par les lois et ordonnances.

TITRE III

Des secours et de leur distribution.

Art. 15. — Les secours distribués par la société sont votés en assemblée mensuelle par les membres du conseil seul.

Ils se divisent en secours ordinaires et extraordinaires.

Les secours ordinaires se subdivisent en deux classes.

Ceux de la première classe, ou *grands secours*, comprennent : 1° une somme de cinq francs allouée pour frais de couches ; 2° une autre somme de quarante-cinq francs mise à la disposition de la dame visitante, pour être employée, sous sa surveillance, à procurer à l'accouchée les divers objets dont elle peut avoir besoin pendant les six premiers mois de la vie de l'enfant ; 3° une layette en valeur d'environ quatorze francs, se composant comme suit :

1° Six drapeaux.
2° Six chemises
: 3° Un lange de laine.
4° Un lange de coton.
5° Deux pointes de calicot.
6° Deux bonnets d'indienne.

7° Un béguin en laine.
8° Un béguin en coton.
9° Une brassière en laine.
10° Une brassière en coton.
11° Une paillasse.

4° Enfin un berceau sera délivré, au moyen d'un bon spécial, à toute mère qui, secourue pour la première fois par la société, en aura exprimé le désir.

Toutefois, trois ans après la délivrance du précédent berceau, il pourra en être délivré un autre, sur le désir de nouveau exprimé par l'intéressée et après que la dame visitante en aura reconnu le besoin.

Les secours de la seconde classe, ou *petits secours* se bornent à la layette, aux cinq francs destinés aux frais de couches, enfin aux quinze francs mis à la disposition de la dame visitante.

Enfin, les secours extraordinaires consistent dans une somme votée par le conseil en faveur des pauvres femmes qui ont eu une couche double, ou qui se trouvent dans une position exceptionnelle par suite de maladie, infirmité, veuvage ou autres causes aggravant leur position.

Art. 16. — Les secours, soit en argent, soit en nature, alloués par le Conseil d'administration, sont distribués par les soins des dames visitantes, qui veillent à leur bon emploi.

Art. 17. — Si l'enfant vient à mourir avant la fin du sixième mois, les mandats non employés par la dame chargée de leur distribution seront rendus sans délai, pour être annulés. La layette sera également rendue, si l'existence de l'enfant ne se prolonge pas au delà du troisième mois.

Art. 18. — Lorsque les femmes admises aux secours seront accouchées, elles en feront informer la dame chargée de les leur distribuer. Cette dame se transportera au domicile de l'accouchée, pour connaître son état et celui de l'enfant nouveau-né ; elle devra, par la suite, réitérer ses visites, afin de s'assurer par elle-même s'il est fait bon emploi et usage convenable des secours alloués par la société.

Art. 19. — Pour conserver à la société son caractère de charité, de patronage et de protection, aucune dame sociétaire empêchée ne devra se faire remplacer, dans la distribution des secours, si ce n'est par une dame de la société, qui signera pour elle les certificats dont il a été parlé en l'article 16. *En cas d'impossibilité, elle pourra être suppléée par les sœurs de charité de la paroisse.*

Art. 20. — Lorsqu'une mère vient à mourir pendant le temps de la durée des secours, la dame visitante continue ses soins à l'enfant jusqu'à l'expiration de ce temps.

Art. 21. — Tous les enfants admis aux secours doivent être vaccinés ; la dame visitante doit veiller à l'exécution de cette mesure, et au besoin l'assurer.

Art. 22. — Les mères doivent représenter leurs enfants à la dame chargée de les assister, lorsque cette dame le demande, et, en outre, toutes les fois qu'elles veulent obtenir leur mandat du mois, afin que l'existence de l'enfant puisse être régulièrement constatée à la suite dudit mandat.

Art. 23. — Toute femme qui aura trompé la société sur le nombre de ses enfants, sur leur âge ou les conditions exigées pour l'admission, sera immédiatement privée de toute allocation nouvelle.

Les secours cesseront également s'il en était fait un mauvais usage, ou si la position de la famille s'améliorait d'une manière assez sensible pour qu'ils devinssent superflus.

La dame visitante pourra arrêter la distribution des secours dans les cas dont il vient d'être parlé, et elle en rendra compte à la plus prochaine réunion du conseil, qui statuera définitivement.

TITRE IV

Des conditions d'admission.

Art. 24. — Toutes les mères de famille pauvres, remplissant les conditions dont il va être parlé ci-après, peuvent être admises aux secours que distribue la société.

Toutefois, obligé de proportionner ses secours à l'importance de ses ressources, le conseil d'administration les accorde de préférence aux femmes les plus nécessiteuses ; à
positions égales, il préfère celles dont la conduite est le plus
exemplaire, mais il est seul apte à les choisir.

Art. 25. — Les secours de seconde classe ne peuvent être
accordés qu'aux mères de famille ayant déjà deux enfants
au-dessous de 14 ans ;

Et ceux de première classe à celles ayant au moins trois
enfants dans les mêmes conditions d'âge.

Les enfants de lits différents seront comptés comme partie intégrante de la famille, s'ils vivent au milieu d'elle.

Art. 26. — Pour avoir droit aux secours de la société,
les mères de famille pauvres devront justifier, par un certificat du maire, qu'elles sont domiciliées de fait dans la
commune depuis un an révolu.

Elles devront en outre produire :

1º L'acte civil de leur mariage ou un certificat du maire
le justifiant ;

2º Un certificat constatant la célébration dudit mariage
devant le ministre de leur culte ;

3º Un certificat d'indigence et de bonnes vie et mœurs,
délivré par le maire ; lequel certificat mentionnera chacun
des enfants existants à la date de sa naissance.

Art. 27. — Dans les cas pouvant donner lieu à un secours
extraordinaire, spécifiés en l'article 15, les infirmités et
maladies seront constatées par un certificat émanant de
l'un des médecins de la société.

Le veuvage sera justifié par un certificat du maire constatant le décès du mari.

Art. 28. — Indépendamment des justifications exigées
par les articles qui précèdent, les dames de la société qui
feront des présentations prendront, relativement aux
admissions qu'elles proposent, les informations les plus
précises sur les circonstances invoquées à l'appui de la
demande, afin d'éclairer le Conseil et d'empêcher tous
abus.

Art. 29. — Les femmes enceintes, sollicitant les secours

de la société, ne devront être présentées que dans le cours
des deux derniers mois de leur grossesse.

Toutefois, s'il arrivait qu'il fût constant qu'elles eussent
ignoré l'existence de la société ; qu'elles eussent cru pouvoir se passer de ses secours ; ou bien encore qu'elles
fussent accouchées avant terme, elles pourront être présentées dans le courant du premier mois de leur accouchement ; mais alors elles n'auront pas droit aux cinq francs
alloués pour frais de couches.

Art. 30. — Les mères devront, autant que faire se pourra, nourrir elles-mêmes leurs enfants.

En cas d'impossibilité constatée par l'un des médecins de
la société, la dame visitante fera remise des mandats
représentant le secours mensuel de quatre francs à la nourrice de l'enfant ; il en sera rendu compte au conseil dans sa
plus prochaine réunion.

Si l'enfant est placé en nourrice à la campagne, son existence sera constatée par un certificat du maire ou du curé
de la localité.

TITRE V

Comptabilité

Art. 31. — Toute l comptabilité sera soumise aux
règles qui régissent en général celle des établissements
charitables.

Les comptes seront établis conformément au modèle
prescrit par les instructions ministérielles.

Ils comprendront :

1º Un chapitre des recettes ;

2º Un chapitre des dépenses ;

3º La balance de ces deux chapitres.

Ils seront accompagnés de l'état général des propriétés
et valeurs composant l'actif de la Société, et d'un tableau
indiquant le nombre des mères accouchées pendant l'année ; le nombre et le sexe des enfants ayant participé aux

secours; le nombre et le sexe de ceux qui seront morts
pendant la même année.

Les dépenses seront justifiées par les mandats et pièces
à l'appui. Toutefois, le comptable sera dispensé d'exiger
sur les mandats l'acquit des femmes secourues, les certificats délivrés par la dame visitante et la production des
mandats signés par Mᵐᵉ la Présidente devant suffire à sa
justification.

Art. 32. — Chaque année, après l'apurement des comptes
par le conseil d'administration, il sera adressé aux dames
sociétaires, aux souscripteurs et aux bienfaiteurs, un état
de situation imprimé, contenant le résumé sommaire des
comptes et des opérations de la société pendant l'exercice
clos, ainsi que la liste des noms, fonctions et adresses des
dames de la société, des médecins et autres agents ; les
noms des souscripteurs et des bienfaiteurs.

Art. 33. — Les comptes seront adressés au préfet avant
la fin du mois de février, pour être soumis à son approbation.

Art. 34. — Les registres de comptabilité, et tous autres
documents seront communiqués à l'autorité toutes les fois
qu'elle en fera la demande.

TITRE VI

Des fêtes de la société.

Art. 35. — Chaque année deux messes seront célébrées
pour la prospérité de l'association. Toutes les sociétaires
seront convoquées ; une quête sera faite au profit de
l'Œuvre. L'une de ces messes est fixée au jour de l'Annon-
ciation (25 mars) ; l'autre au samedi des Quatre-Temps de
l'Avent.

TITRE VII

Dispositions générales.

Art. 36. — Aucune addition ou modification ne pourra

être apportée au présent règlement, sans qu'au préalable la proposition en ait été remise par écrit au conseil réuni, discutée et votée à un mois d'intervalle, dans une séance extraordinaire spécialement convoquée à cet effet ; qu'elle aura réuni les deux tiers au moins des voix du Conseil en exercice, et qu'elle aura été approuvée par le préfet.

Art. 37. — Le présent règlement sera soumis à l'approbation de M. le préfet, pour être mis en vigueur à partir du premier janvier prochain.

<hr>

N° 11.

MODÈLES DE STATUTS DES SOCIÉTÉS DE CHARITÉ MATERNELLE.

Art. 1er. — La société de charité maternelle de... a pour objet d'assister les femmes pauvres (131) à l'époque de leurs couches, de les encourager à nourrir elles-mêmes leurs enfants, de prévenir les expositions et de préserver les enfants nouveau-nés des suites souvent fatales du dénuement.

Art. 2. — La société accorde des secours aux femmes pauvres et aux enfants nés de parents pauvres sans distinction des cultes auxquels ils appartiennent.

Art. 3. — Sont membres de la société les personnes qui souscrivent pour une cotisation annuelle de *douze francs*, ou qui s'engagent à donner chaque année à la société des objets d'une valeur égale au montant de cette cotisation.

Sont membres de droit et présidents honoraires MM...,

Art. 4. — Tous les membres de la société sont convoqués en assemblée générale au commencement de février, sous la présidence de l'un de ses présidents honoraires. Il est donné communication dans cette séance du compte-rendu des opérations de l'année expirée. L'assemblée émet, s'il y a lieu, des observations ou des vœux relativement aux moyens d'accroître les bienfaits de l'institution,

Art. 5. — Les ressources de la société se composent :

1° Du montant des souscriptions et des subventions annuelles ;

2° Du produit des quêtes, concerts et autres moyens de bienfaisance;

3° Des rentes sur l'Etat ou sur particuliers;

4° Des legs et donations;

Art. 6. — La société est régie par un conseil d'administration composé de.... dames.

Art. 7. — Le conseil d'administration est renouvelé annuellement par cinquième. Pendant les quatre premières années, les dames qui doivent sortir du conseil sont désignées par le sort, et plus tard par l'ancienneté. Dans la séance du mois de février, le conseil pourvoit au remplacement des dames sortantes qui peuvent toujours être réélues.

Art. 8. — En cas de vacances pour autres causes, il est pourvu au remplacement le plus tôt possible par le conseil.

Les personnes choisies ne sont nommées que pour le temps pendant lequel les dames sortantes devaient rester en fonctions.

Art. 9. — La présidente et la vice-présidente sont nommées par le conseil qui choisit également un secrétaire, un secrétaire-adjoint, un trésorier et un trésorier-adjoint.

Art. 10. — Le conseil se réunit tous les mois, ou à des intervalles plus rapprochés si les affaires de la société l'exigent. Les convocations sont faites par la présidente et en son nom.

Art. 11. — Le conseil statue sur les demandes d'admission aux secours, et délibère sur tout ce qui peut intéresser l'institution.

Les délibérations relatives aux acquisitions, aliénations ou échanges d'immeubles, à l'acceptation de dons et legs, seront soumises à l'approbation du gouvernement.

Art. 12. — Le trésorier adresse au mois de janvier un compte de sa gestion pendant l'année précédente : ce compte est établi en quadruple expédition et appuyé des pièces nécessaires pour en constater la régularité.

Art. 13. — Trois membres du conseil sont délégués pour examiner, dans les premiers jours de février, les livres et comptes du trésorier ainsi que les pièces à l'appui. Ils arrêtent les quatre expéditions du compte. Une de ces expéditions est déposée dans les archives de la société et une autre remise au trésorier pour sa décharge.

Art. 14. — Dans la seconde quinzaine de février au plus tard, la présidente remet au préfet en double expédition :

1° Le compte des recettes et des dépenses de l'année précédente ;

2° Le compte moral de l'œuvre : ce compte est également adressé au maire.

Art. 15. — L'importance et la nature des secours à accorder, les conditions d'admission et les autres détails d'administration seront déterminés par un règlement particulier qui sera soumis à l'approbation du préfet.

Art. 16. — Il ne pourra être fait aucune addition ou modification aux présents statuts, qu'autant que la proposition en aura été lue, discutée et votée par le conseil, et qu'elle aura été approuvée par le gouvernement.

Ces statuts ont été délibérés et adoptés par le conseil d'État dans sa séance du.....

N° 12.

MODÈLE DE RÈGLEMENT DES SOCIÉTÉS DE CHARITÉ MATERNELLE.

CHAPITRE PREMIER

OBJET DE LA SOCIÉTÉ

Art. 1er. — La société de charité maternelle de....., a pour objet d'assister les pauvres femmes en couches, de les encourager à nourrir elles-mêmes leurs enfants, de prévenir ainsi l'exposition et de préserver les enfants nouveau-nés des suites de l'abandon et du dénuement.

La société accorde des secours aux femmes pauvres et aux enfants nés de parents pauvres, sans distinction des cultes auxquels ces femmes et ces enfants appartiennent.

CHAPITRE II

COMPOSITION ET RESSOURCES DE LA SOCIÉTÉ

Art. 2. — Sont seules membres de la société les personnes qui souscrivent pour une cotisation annuelle dont le minimum est fixé à 12 fr. ; ou qui s'engagent à faire chaque année à la société, en layettes ou autres objets, un don d'une somme égale à ce minimum.

Toutefois la société reçoit avec reconnaissance tous les dons qui lui sont faits, quelle que soit la modicité de la somme ou de la chose donnée.

Il est dressé chaque année une liste générale des souscripteurs et donateurs qui se sont fait connaître.

Art. 3. — Les ressources de la société consistent dans :

1° Le montant des souscriptions annuelles ; ces souscriptions doivent être acquittées autant que possible dans les trois premiers mois de chaque année ;

2° Le montant des dons qui lui sont remis ;

3° Les subventions de l'État, du département et de la ville de..... ;

4° Le produit des quêtes autorisées, ainsi que celui des concerts et des loteries ;

5° Les arrérages des intérêts des fonds placés ;

6° Enfin les donations et legs qui peuvent lui être faits par des personnes bienfaisantes.

CHAPITRE III

ADMINISTRATION

Art. 4. — La société est administrée par un conseil composé de..... dames, parmi lesquelles sont élues une présidente et une vice-présidente.

Art. 5. — Le conseil est annuellement renouvelable par cinquième. Pendant les quatre premières années, les dames qui doivent sortir du conseil sont désignées par le sort et plus tard par l'ancienneté.

Les dames sortantes peuvent être réélues.

Art. 6. — En cas de vacances, ou pour toute autre cause, parmi les dames composant le conseil, il est procédé au remplacement dans le délai d'un mois, en assemblée du conseil réuni à cet effet par convocation spéciale.

Les dames ainsi nommées ne le sont que pour le temps pendant lequel seraient restées en fonctions les dames qu'elles sont appelées à remplacer.

Art. 7. — Les nominations ont toujours lieu au scrutin secret et à la majorité absolue des voix.

Art. 8. — Le conseil nomme, en la même forme, un secrétaire, un secrétaire-adjoint, un trésorier et un trésorier-adjoint.

Art. 9. — Le secrétaire et le trésorier assistent à toutes les réunions et délibérations du conseil et ils y ont voix consultative.

Le secrétaire est chargé de la rédaction des procès-verbaux. Il tient un registre des admissions, de la sortie et du décès des enfants : il est chargé de la correspondance générale, de la conservation des archives et de la tenue des registres.

Le trésorier est chargé de la comptabilité et des redditions de compte. Il reçoit les dons et souscriptions et en donne quittance.

Le secrétaire délivre, sur décharge, aux dames administrantes les bons d'objets ou de sommes votés par le conseil.

Art. 10. — Toutes les fonctions de la société sont gratuites.

Le conseil peut toutefois attacher un traitement, dont il déterminera l'importance, aux fonctions de secrétaire ou de trésorier.

Art. 11. — Le conseil d'administration reçoit les comptes, les examine et les approuve, s'il y a lieu. il statue sur toutes les questions qui peuvent se produire et prononce sur les demandes d'admission aux secours présentées par les dames administrantes. Ces demandes, outre le rapport et l'avis des dames qui les présentent, doivent être accompagnées des pièces justificatives spécifiées ci-après, article 18 et précèdent l'accouchement, sauf de rares exceptions laissées à l'appréciation du conseil.

Art. 12. — Le conseil se réunit tous les mois à l'exception du mois de septembre, pour l'admission aux secours qui est prononcée à la majorité des dames présentes.

Art. 13. — Les délibérations sont signées par la présidente et par le secrétaire.

Art. 14. — Les noms des dames composant le conseil d'administration sont, ainsi que leurs demeures, inscrits en tête de la liste des souscripteurs et bienfaiteurs.

Art. 15. — Les dames sociétaires se réunissent une fois chaque année en assemblée générale.

Dans cette réunion, il est donné lecture de l'état de situation de la société et il peut être traité de toutes les questions qui l'intéressent.

L'état de situation ci-dessus n'est livré à l'impression qu'après la séance.

CHAPITRE IV

MODE DE DISTRIBUTION DES SECOURS
CONDITIONS D'ADMISSION

Art. 16. — Tous les enfants légitimes, qui naissent dans l'indigence, peuvent être admis aux secours de la société, mais à la condition que les femmes qui solliciteront l'assistance nient au moins un an de domicile à..... au jour de l'accouchement.

Toutefois la société, obligée de proportionner ses œuvres à l'importance de ses ressources, accorde ses secours de préférence aux femmes les plus nécessiteuses.

Art. 17. — Dans le cas d'une couche double, les frais de couches alloués par la société sont doubles aussi, ainsi que les bons de layettes, berceau et de paille. Les autres secours peuvent en outre être augmentés.

Art. 18. — Les mères indigentes qui voudront solliciter

l'assistance de la société, devront se présenter à la dame
administrante de leur quartier et produire :

1° L'acte de leur mariage civil :

2° Un certificat d'indigence et de bonnes vie et mœurs
émanant autant que possible de l'autorité locale ;

3° Et en cas d'infirmités et de maladies chroniques, des
certificats des médecins fournissant la preuve de ces infirmités ou de ces maladies.

Les veuves devront en outre produire l'acte de décès de
leur mari.

Art. 19. — Avant de présenter une demande d'admission
au conseil, la dame administrante devra prendre les informations les plus précises sur les circonstances qui la moti-
vent.

Art. 20. — Les mères prennent l'engagement de nourrir
elles-mêmes au sein leurs enfants, ou de les nourrir au lait,
si par quelque raison légitime dont il est justifié aux dames
administrantes, elles ne peuvent pas les nourrir au sein.

Si par suite de circonstances indépendantes de sa volonté,
la mère se trouve dans l'obligation de mettre son enfant
en nourrice, il en sera fait rapport au Conseil par la dame
administrante chargée de suivre l'assistance, et d'après son
avis motivé les secours pourront être retirés, ou leur nature
et quotité modifiées.

Art. 21. — Lorsqu'une mère admise est accouchée, elle
en donne immédiatement connaissance à la dame chargée
de lui distribuer les secours : cette dame lui fait remettre
les cartes de layette, de berceau, de paille et le bon destiné
à la sage-femme ; elle se transporte aussitôt à son domicile
pour examiner son état et celui de son enfant. Elle lui distribue les autres bons au fur et à mesure des besoins et
doit suivre la famille assistée avec le soin le plus scrupu-
leux, afin de s'assurer s'il est fait un bon emploi des secours accordés par la société.

Art. 22. — Pour conserver à la société son caractère de
charité, de patronage et de protection, aucune dame administrante ne doit se faire remplacer dans sa mission que
par une des dames qui signera les rapports.

Art. 23. — Lorsqu'une mère assistée vient à mourir, la société continue ses soins à l'enfant.

Art. 24. — Lorsqu'une mère secourue par la société vient à changer de domicile, elle est tenue d'en instruire la dame chargée de sa surveillance. Celle-ci peut lui continuer ses soins nonobstant ce changement de résidence.

Art. 25. — Tous les enfants admis aux secours doivent être vaccinés.

Les dames doivent veiller à l'exécution de cette mesure et au besoin l'assurer. En conséquence, toute femme qui n'aura pas fait vacciner son enfant dans les trois mois du jour de sa naissance, sera rayée immédiatement et sera privée des bons auxquels elle pourrait encore avoir droit. En outre, elle ne pourra plus être présentée à l'assistance à moins qu'elle n'ait fait ultérieurement vacciner son enfant, et qu'elle en justifie par un certificat en due forme.

Art. 26. — Les mères doivent représenter leurs enfants à la dame chargée de les assister, toutes les fois que cette dame le demande.

Art. 27. — Toute femme qui aura trompé la société sur le nombre de ses enfants ou sur les conditions d'admission, sera privée immédiatement de toute allocation nouvelle.

Les secours cesseront également s'il en est fait mauvais usage, ainsi que dans le cas prévu par l'article 25.

CHAPITRE VI

COMPTABILITÉ

Art. 28. — Les comptes seront présentés au conseil d'administration au plus tard dans la première quinzaine de février de chaque année par le trésorier et la présidente.

Art. 29. — Le compte des recettes et des dépenses sera dressé conformément aux modèles prescrits par les instructions ministérielles ; ils comprendront :

1° Un chapitre de recettes ;

2° Un chapitre des sommes dépensées ;

3° La balance des deux chapitres ;

4° Le tableau des capitaux et des valeurs appartenant à la société ;

5° Le nombre total des mères secourues, celui des mères accouchées pendant l'année précédente, et celui des enfants décédés.

Art. 30. — Le compte moral doit indiquer les causes d'augmentation ou de diminution des recettes, la nature et la quotité des secours accordés, l'ensemble des résultats obtenus, au point de vue matériel et moral, les améliorations dont le service paraîtrait susceptible, et un aperçu du bien que l'accroissement des ressources permettrait de réaliser.

Art. 31. — Chaque année, après l'apurement du compte par le conseil, il sera adressé aux souscripteurs et aux bienfaiteurs un état de situation imprimé, contenant les comptes et opérations de la société pendant l'exercice clos et une liste comprenant les noms, demeures et fonctions de toutes les personnes composant la société, et de tous les souscripteurs et bienfaiteurs.

Art. 32. — Les comptes seront adressés en double expédition, dans la seconde quinzaine de février au préfet. Ce magistrat, après les avoir approuvés, en transmet un exemplaire au ministre de l'intérieur avec ses observations.

Art. 33. — Les registres de comptabilité et tous autres seront communiqués à l'autorité toutes les fois qu'elle en fera la demande.

DISPOSITIONS GÉNÉRALES

Art. 34. — Toute proposition tendant à introduire une modification ou une disposition nouvelle dans le présent règlement devra être d'abord lue au conseil et déposée sur le bureau.

Elle ne pourra être discutée et votée que dans une séance ultérieure à un mois d'intervalle et sur convocation spéciale.

La délibération ainsi prise ne sera exécutoire qu'après avoir reçu l'approbation du préfet.

Art. 35. — Le présent règlement sera soumis à l'approbation du préfet.

N° 13.

Monsieur le Préfet, j'ai l'honneur de vous informer que je viens d'accorder une subvention de..... francs à la société de charité maternelle de.....

Cette allocation est imputée sur le crédit ouvert au chapitre 44 du budget du ministère de l'Intérieur, exercice 1887; elle sera prochainement ordonnancée à votre nom. Je vous prierai de mandater ensuite les subventions au nom des ayants-droit et de m'informer de l'époque à laquelle cette formalité aura été remplie.

Mon attention a été appelée sur une disposition des statuts d'un grand nombre de sociétés de charité maternelle, disposition qui figure d'ailleurs à l'article 26 d'un règlement-type longtemps présenté par mes prédécesseurs comme un modèle aux œuvres de cette nature en voie de formation.

Aux termes du troisième paragraphe de cet article 26, les mères indigentes doivent, pour être admises aux secours, justifier notamment de l'acte de mariage devant le ministre de leur culte.

Les mères indigentes dont le mariage est purement civil ne se trouvent pas, dès lors, en situation de prétendre aux secours de la société.

Je ne sais si la disposition restrictive dont il s'agit est rigoureusement suivie, et je vous prie de me renseigner à cet égard, d'une manière très précise. Mais, en tout cas, je serais heureux de voir disparaître une règle manifestement en désaccord avec le principe de la liberté de conscience; et si cette règle est inscrite dans les statuts de la société susvisée, je vous serai obligé de conférer avec les administrateurs en vue d'obtenir que les statuts soient revisés et qu'il ne soit plus établi aucune distinction entre les personnes indigentes qui ont fait consacrer leur union par un ministre d'un des cultes reconnus, et celles dont le mariage est purement civil.

Je prendrai connaissance avec intérêt du résultat de vos démarches à cet égard.

Recevez, Monsieur le Préfet, l'assurance de ma considération la plus distinguée.

Le ministre de l'Intérieur,

Signé : SARRIEN.

NOTES

(1) Anne-Françoise d'Outremont, mariée fort jeune à M. de Fougeret, seigneur de Châteaurenard, receveur général des finances, manifesta toujours le plus grand intérêt pour les enfants abandonnés, dont la situation malheureuse lui était connue par son père l'un des administrateurs de l'hospice des enfants-trouvés.

Sa première pensée fut d'augmenter le nombre des nourrices beaucoup trop insuffisant pour la quantité de nouveau-nés déposés chaque jour à l'hospice.

Après entente avec l'administration, une certaine quantité d'entre eux, transportés dans une terre appartenant à Mme de Fougeret, dans une voiture faite exprès, et contenant 20 berceaux suspendus, y furent élevés au lait par des femmes choisies par elle; mais cette première expérience n'ayant pas réussi selon ses désirs, elle s'adressa à la duchesse de Cossé qui s'honorait du titre de supérieure des enfants-trouvés et dont la charité, la grande fortune et la haute situation pouvaient lui permettre d'atteindre le but qu'elle s'était proposé : grâce à son appui la *Société de charité maternelle* fut fondée, et Mme de Fougeret s'en occupa avec la plus grande activité jusqu'à la révolution.

Arrêtée en 1793 avec son mari et trois de ses filles, et enfermée à la Bourbe elle partagea la captivité de M. de Fougeret jusqu'au 23 floréal an II, jour où il périt sur l'échafaud.

Remise en liberté quelque temps après, mais entièrement ruinée, elle se retira à la campagne où elle vécut dans la retraite au milieu de ses enfants et petits-enfants, et mourut le 13 novembre 1813.

(2) La société comprenait 115 dames, 48 hommes, et 63 donateurs ou donatrices non sociétaires; Mme de Fougeret était secrétaire, et son gendre, M. de Menerville, président à la cour des aides, était trésorier.

(3) Le 28 décembre 1780, et afin de pouvoir secourir un plus grand nombre d'enfants, le chiffre de 8 livres par mois fut réduit à 6 et le secours total ne fut que de 168 livres au lieu de 192.

(4) La reine avait fait graver un timbre représentant Moïse sauvé des eaux avec le nom de Marie-Antoinette en exergue : les cartes

destinées aux distributions de secours portaient les mots : *secours de la reine*.

(5) Les secours n'étaient que de 128 francs.

(6) Adelaïde-Anna-Louise Piscatory, née en 1765, fille de Pierre-Joseph Piscatory et de Marie-Adelaïde Brouillé, épousa, le 14 juillet 1789, Claude-Emmanuel-Joseph-Pierre Pastoret, né à Marseille le 24 décembre 1755, fils de J.-B. Pastoret, lieutenant de l'amirauté de Marseille et de Marguerite-Thérèse Graille.

Conseiller à la cour des aides de Paris, chancelier de France, ministre d'Etat de 1826 à 1829, sénateur le 14 décembre 1809, comte de l'Empire le 9 janvier 1810, pair de France le 4 juin 1814, grand croix de la Légion d'Honneur, il mourut à Paris le 20 septembre 1840 et sa femme au château de Fleury-Meudon, le 26 septembre 1846.

(7) Michel-Louis-Etienne Regnault de Saint-Jean d'Angély, né à Saint-Fargeau (Yonne), le 3 décembre 1760, fils d'Etienne-Claude Regnault, bailli du comté de Saint-Fargeau et de Madeleine Allenet, épousa N.... Guesnon de Bonneuil et mourut à Paris le 11 mars 1819.

Député en 1789, conseiller d'Etat en 1800, comte de l'Empire le 21 avril 1808, grand officier de la Légion d'Honneur, il fut député de la Charente en 1815 et ministre d'Etat.

Son fils aîné, Auguste-Michel-Etienne, fut maréchal de France sous le second empire.

Armes : *d'azur au coq d'argent la patte droite levée et posée sur un 4 de sable surmonté en chef d'une étoile d'argent; à la bordure componée d'or et de sable ; au franc-quartier brochant* des comtes ministres employés à l'intérieur.

(8) Jean-Baptiste Treilhard, né à Brive (Corrèze), le 3 février 1742, fils de Jean Treilhard, avocat et de Jeanne Lachèze, mourut à Paris le 1er décembre 1810.

Avocat au parlement de Paris, député en 1789, membre du conseil des Cinq-Cents et du directoire, conseiller d'état, et grand officier de la Légion d'Honneur, il fut créé comte de l'empire le 24 avril 1808.

Armes : *d'azur à trois palmes d'or, 2 et 1 au franc-quartier brochant* des comtes conseillers d'Etat.

(9) Defermon Joseph, né à Châteaubriand le 1er ou le 16 novembre 1752, fils de Jacques Defermon, sieur des Chapelières, avocat au Parlement et de Marie Lambert, épousa le 9 mars 1783 Jeanne Duboys des Sauzais.

SOCIÉTÉ DE CHARITÉ MATERNELLE DE DIJON 103

Procureur au parlement de Bretagne, député du Tiers-État à
l'assemblée nationale et à la convention. membre du conseil des
Cinq-Cents, conseiller d'État après le 18 brumaire, ministre d'État
en 1807. comte de l'empire en mai 1808, grand officier de la
Légion d'Honneur, il fut banni par ordonnance du 17 janvier 1817,
et se retira à Bruxelles. Rentré en France en 1822, il mourut à
Paris le 15 juillet 1831.

Armes : *d'hermines au sauvageon de sable, à deux greffes, celle
de dextre à feuilles et pommes d'or, celle de senestre à feuilles et
pommes d'argent au franc quartier* des comtes conseillers d'État.

(10) Jean-Jacques-Régis Cambacérès, né le 18 octobre 1753, à
Montpellier, fils de Jean-Antoine de Cambacérès, conseiller à la cour
des comptes de Montpellier, remplissait en 1789 les mêmes fonctions que son père.

Député en 1791, président de la Convention, second consul,
prince-duc de Parme, le 24 avril 1808, archi-chancelier de l'Empire,
pair de France le 20 juin 1815. ministre de la justice, grand aigle
de la Légion d'honneur, il mourut à Paris le 8 mars 1824.

Armes : *d'or à un dextrochère au naturel, paré de gueules, re-
brassé d'hermines, mouvant de senestre, tenant les tables de la loi
de sable, le tout accompagné de trois losanges aussi de sable, au
chef* des ducs de l'Empire.

(11) Louis-Alexandre Berthier, né à Versailles le 20 février 1753,
fils de Jean-Baptiste Berthier, commandant du corps des ingénieurs
hydrographes et de Marie-Françoise Lhuillier de la Serre, épousa,
le 9 mars 1808, Marie-Charlotte-Amélie-Françoise, duchesse de Bavière.

Maréchal de l'Empire le 19 mai 1804, prince et duc souverain de
Neuchâtel, le 30 mars 1806, prince de Wagram, le 31 décembre 1809,
vice-connétable, pair de France le 4 juin 1814, il mourut le 1er juin
1815 à Bamberg (Bavière).

Armes : *d'or parti d'un trait de sable chargé : au 1er d'un dextrochère armé de toutes pièces d'azur rehaussé d'or tenant une
épée haute en pal de sable et chargé d'un bouclier de sable, au IV
d'or, à l'orle de même entouré de la devise suivante* : Commilitoni
Victor Cæsar : *au chef d'azur semé d'abeilles d'or* (des princes
grands dignitaires de l'Empire), *au 2e d'un pal de gueules chargé
de troischevrons d'argent* (qui est de Neufchâtel), *au chef d'azur
chargé d'une aigle d'or empiétant un foudre du même* (qui est de
l'Empire).

(12) Voir note 21.

(13) Géraud-Christophe-Michel du Roc, né à Pont-à-Mousson le 25 octobre 1772, fils de Claude-Sidoine de Michel, chevalier du Roc, chef d'escadron et de Anne-Dauphine Papigny, épousa le 9 août 1802, Marie de Las-Nièves Dominique-Antoinette-Rita-Josèphe-Louise-Catherine Martinez de Hervas, qui en second mariage épousa Charles-Nicolas, baron Fabvier.

Aide de camp de l'empereur, général en 1801, duc de Frioul le 14 novembre 1808, grand maréchal du palais, et sénateur le 5 avril 1813, grand aigle de la Légion d'honneur, il mourut à Mackersdorff (Saxe), le 23 mai 1813, des suites des blessures reçues à la bataille de Bautzen.

Armes : *écartelé aux 1er et 4e d'or au château de trois tours donjonnées de gueules, fermées, ajourées et girouettées de sable : aux 2e et 3e d'azur au cavalier armé de toutes pièces, tenant de la dextre un sabre nu, le tout d'argent. Sur le tout : de sinople au rocher d'or, mouvant de la pointe de l'eau, et surmonté en chef d'une étoile d'argent au chef brochant* des ducs de l'empire.

(14) Nicolas-Thérèse-Benoît Frochot, né à Dijon le 21 mars 1761, fils de Jean-Etienne Frochot, avocat et d'Antoinette-Geneviève Charpy, était notaire et prévôt royal à Arnay-le-Duc.

Nommé député aux états généraux par la sénéchaussée de Châtillon-sur-Seine, conseiller d'état après le 18 brumaire, préfet de la Seine, grand officier de la Légion d'honneur, comte de l'empire le 27 novembre 1808, il fut révoqué après la conspiration Malet, et mourut à Etuf (Haute-Marne), le 29 juillet 1828.

Armes : *d'azur à la navette d'or adextrée d'un tiers de gueules au signe* des chevaliers légionnaires.

(15) Le rapport fait à la suite du conseil du 14 août proposait comme vice-présidentes la comtesse de Ségur et la comtesse Pastoret, comme trésorier général le comte Jaubert, conseiller d'état et gouverneur de la banque de France, et comme conseillers le prince archi-chancelier, le comte La Place, chancelier du Sénat, et M. de la Rochefoucauld-Liancourt.

Les premières nominations devaient comprendre 36 dames de Paris ; les membres du conseil résidant en province, devaient être choisis dans les bonnes villes qui réuniraient 20 souscriptions pour les villes de 1re classe, et 10 pour celles de 2e classe.

Pour former le chiffre de 48 dames de Paris, fixé par l'article 6 du décret du 5 mai 1810, il était recommandé de choisir 12 à 18 dames de la cour et 36 à 30 dans la bonne bourgeoisie, mais il était nécessaire qu'elles soient riches et qu'elles aient équipage et choisies de manière à n'être pas déplacées dans un salon où serait l'impératrice.

(16) Voir note 13.

(17) Ces artistes sont probablement François-Anne David, né à Paris en 1741, graveur de la chambre et du cabinet du roi, mort à Paris le 2 avril 1824 et Charles Monnet, né à Paris le 10 janvier 1732. La gravure ne fut probablement pas exécutée, car elle n'existe pas à la bibliothèque nationale ; elle en possède une qui représente Napoléon assis et remettant à Marie-Louise debout une sorte de charte; au bas on lit : Fondation de la Société maternelle (0,217 sur 0,125).

(18) Louise-Antoinette-Scholastique Guéhéneuc, née en 1782, fille de François-Scholastique Guéhéneuc, comte de l'empire, directeur général des eaux et forêts, sénateur et pair de France et de Marie-Louise-Henriette-Charlotte Crépy, épousa le 15 septembre 1800 Jean Lannes, duc de Montébello, maréchal de France, né à Lectoure le 11 avril 1769, mort le 31 mai 1809, à Ebersdorf (Autriche), des suites des blessures reçues à la bataille d'Esling : la duchesse de Montebello mourut à Paris le 3 juillet 1856.

(19) Jeanne-Charlotte-Papillon d'Auteroche épousa, le 24 avril 1786, Jean-Baptiste-Charles Le Gendre de Luçay, né à Paris le 4 janvier 1754, fils de Philippe-Charles Legendre, comte de Luçay-le-Male et de Marie-Antoinette Rouret.

Administrateur général des postes, préfet du palais de 1802 à 1815, comte de l'empire le 14 février 1810, il mourut à Paris le 1er décembre 1836 et sa femme au même lieu le 11 avril 1865.

(20) Louise-Charlotte-Françoise Le Tellier de Louvois-Courtanvaux de Montmirail, gouvernante des enfants de France, épousa, en 1781, Anne-Elisabeth-Pierre, comte de Montesquiou-Fezensac, né à Paris le 30 septembre 1764, fils de Anne-Pierre de Montesquiou, marquis de Fezensac et de Jeanne-Marie Hocquart de Montfermeil.

Ministre plénipotentiaire, comte de l'empire le 10 février 1809, grand chambellan en 1810, sénateur le 5 avril 1813, pair de France les 4 juin 1814 et 5 mars 1819, il mourut au château de Courtanvaux (Sarthe) le 4 août 1834, la comtesse de Montesquiou mourut à Paris le 29 mai 1835.

(21) Joseph Fesch, né à Ajaccio le 3 janvier 1763, fils de François Fesch, capitaine de marine, et d'Angela-Maria Pietra-Santa, veuve en premières noces de Jean-Jérôme Ramolino (de ce premier mariage était née Lætitia Ramolino, mère de l'empereur Napoléon 1er), cardinal-archevêque de Lyon, le 25 février 1803, grand aumônier

et sénateur le 3 février 1805, comte de l'empire, altesse sérénissime en 1807, pair de France le 2 juin 1815, grand aigle de la Légion d'honneur, mourut à Rome le 30 mai 1839.

Armes : d'azur à l'aigle d'or empiétant un foudre du même, le foudre chargé d'un médaillon ovale d'argent surchargé d'un F de sable.

(22) Jean-François-Aimé Dejean, né à Castelnaudary le 6 octobre 1749, épousa Alexandrine-Marie Elisabeth le Boucher d'Ailly, décédée en 1782, et en second mariage le 17 octobre 1801, Aurore Barthelemy, décédée le 20 janvier 1858.

Général de division, grand trésorier de la Légion d'Honneur, ministre directeur de l'administration de la guerre, comte de l'empire le 1er juin 1808, sénateur le 5 février 1810, pair de France les 4 juin 1814 et 5 mars 1819, grand officier de la Légion d'Honneur, il mourut à Paris le 12 mai 1824.

Son fils Pierre-François-Marie-Auguste baron de l'empire le 1er juin 1808, épousa, le 17 juillet 1802, Adèle Barthelemy, sœur de la seconde femme de son père.

Armes : d'argent au griffon essorant de sable, au comble d'azur chargé à senestre de deux étoiles et d'un croissant, le tout d'or, au franc quartier des comtes-sénateurs.

(23) Voir note 10.

(24) Pierre-Simon Laplace, né à Beaumont-en-Auge (Calvados), le 23 mars 1749, fils de Pierre Laplace ou de Laplace, et de Marie Anne Sochon, épousa le 15 mars 1788 Marie-Anne Charlotte Courty de Romanga.

Ministre de l'intérieur en 1800, sénateur, comte de l'empire le 21 avril 1808, pair de France le 4 juin 1814, membre de l'académie française et des sciences, grand officier de la Légion d'Honneur, marquis par ordonnance royale en 1817, il mourut à Paris le 5 mars 1827 et sa femme le 20 juillet 1862.

Armes : d'azur à deux planètes, Jupiter et Saturne, avec leurs satellites et anneau placés en ordre naturel vers le bas de l'écu, le tout d'argent, posées en fasce et surmontées en chef à dextre d'un soleil d'or et à senestre d'une fleur à cinq branches aussi d'or, au franc-quartier des comtes-sénateurs.

(25) Alexandre-François de La Rochefoucauld, né à Paris le 20 août 1767, fils de François-Alexandre Frédéric de la Rochefoucault, duc d'Estissac et de Liancourt, et de Félicité-Sophie de Lannion, épousa, le 9 juin 1780, Adélaïde-Marie-Françoise Pyvart de Chastullé.

Comte de l'empire le 28 janvier 1809, ambassadeur près du roi de Hollande, pair de France le 2 juin 1815, il mourut à Paris le 2 mars 1841 et sa femme le 18 décembre 1814.

Armes : *Écartelé au 1er des comtes ministres employés à l'extérieur ; aux 2es et 3es de gueules plein, au 4me burelé d'argent et d'azur à trois chevrons de gueules, le premier écimé brochant sur le tout.*

(26) La Côte-d'Or fut un des premiers départements où l'on put organiser un conseil d'administration. Comme chiffre de souscriptions, elle arrivait immédiatement après Paris, Metz, Bordeaux, Liège, Livourne, Marseille, Turin, Caen, Anvers, Florence et Rouen. A cette époque la société fut organisée dans 52 départements.

(27) Vingt-six dames avaient souscrit antérieurement à la première réunion.

Mme la marquise d'Agrain, femme du maire de Bressey ; — Mme de Buffon, fille de M. Daubenton, et belle-fille de Buffon ; — Mme Baille, femme d'un négociant d'Auxonne ; — Mme la comtesse de Champmol, veuve de M. Croté, comte de Champmol, ministre de l'intérieur ; — Mme Dubard, femme du payeur de la 18e division militaire ; — Mme Durande, femme du maire ; — Mme la comtesse d'Esterno ; — Mme la comtesse Gassendi, femme du général d'artillerie, conseiller d'État ; — Mme d'Heudelet, femme du général comte d'Heudelet ; — Mme Jacquinot, femme du directeur de l'enregistrement ; — Mme Jacquinot, femme de l'avocat général à la cour ; — Mme Lecouteulx, femme du préfet ; — Mme Lejeas, femme du directeur des droits réunis ; — Mme Lejeas, femme du receveur général, — Mme de Loriol ; — Mme Le Roy, femme du directeur des contributions ; — Mme Niandet, femme d'un négociant d'Auxonne ; — Mme Pelletier de Cléry, femme d'un ancien conseiller au parlement ; — Mme Ranfer de Bretenières, veuve de l'ancien maire de Dijon ; — Mme Rebattu, femme d'un banquier ; — Mme Roussot, femme d'un conseiller municipal d'Auxonne ; — Mme Radepont, femme d'un conseiller municipal d'Auxonne ; — Mme la marquise de Saint-Seine, veuve du premier président au parlement ; — Mme de Saulx-Tavannes, femme d'un capitaine de dragons ; — Mme Tournouer, femme d'un conseiller municipal d'Auxonne ; — Mme la baronne Veaux, femme du général commandant la 18e division militaire.

Les souscripteurs étaient au nombre de six et tous à Auxonne.

M. Amanton, maire ; M. le colonel Bardenet, directeur d'artillerie ;

M. Boulot, officier du génie maritime en retraite ; M. Gelot, curé d'Auxonne ; M. le général Manscourt, en retraite à Auxonne ; M. Santonard, chef de bataillon, sous-directeur d'artillerie.

(28) Jacques-Félix Lecouteulx, né le 29 juillet 1779, fils de Jacques-Jean Lecouteulx, seigneur de Molay et de Geneviève-Sophie Lecouteulx, préfet de la Côte-d'Or, le 19 février 1809, baron de l'empire le 11 juin 1810, avait épousé sa cousine Alexandrine-Sophie Lecouteulx de la Noraye ; il mourut à Dijon le 1er avril 1812 victime de son dévouement dans l'incendie de l'hôpital des Capucins.

Armes : *d'argent au chevron de gueules accompagné de trois trèfles de sinople, au franc-quartier brochant* des barons-préfets.

(29) Claude-François Joseph-Catherine Jacquinot, né à Dijon le 17 mars 1774, fils de Simon Jacquinot, avocat au parlement et juge au tribunal civil de la Côte-d'Or et de Edmée Bureau, épousa, le 7 brumaire an III, à Fulvy (Aube), Joséphine-Victorine Genouilly de Pampelune.

Avocat général à Dijon le 6 avril 1811, procureur général à la Haye, procureur général à Paris le 12 juillet 1826, révoqué le 2 août 1830, il mourut à Paris en 1835.

(30) Claude-Marc-Armand-Elisabeth de Pradier d'Agrain, né à Dijon le 25 avril 1773, fils de Marc-Antoine-Claude de Pradier, marquis d'Aigrain, premier président de la Chambre des comptes, et de Anne-Marie-Françoise-Thérèse Rigoley, épousa le 12 brumaire an XI, à Dijon, Claude-Charlotte Lemulier de Bressey.

Armes : *d'azur à trois lions d'or couronnés de même.*

(31) Bénigne-Alexandre-Victor-Barthelemy Legoux de Saint-Seine, né à Dijon le 23 mars 1763, fils de Bénigne-Legoux de Saint-Seine, marquis de Bantange, premier président au parlement de Bourgogne et de Marguerite-Philiberte Gagne de Perrigny, conseiller au parlement, le 9 mars 1784, épousa le 18 juillet 1801 Catherine-Claude, fille d'Antoine Esmonin de Dampierre et de Claudine-Catherine de la Ramisse ; il mourut à Lyon le 10 juin 1828 et sa femme à Dijon le 26 février 1806.

Armes : *de gueules à la croix endentée d'or cantonnée de quatre fers de lance d'argent.*

(32) Etienne-Nicolas-Philibert Hernoux, né à Saint-Jean-de-Losne le 30 octobre 1777, fils de Charles Hernoux, négociant, élu du tiers état aux états généraux, président du conseil général de la Côte-d'Or, et d'Anne-Françoise Gilles, épousa Jeanne-Marie-Louise Petitot, fille de Bénigne Petitot, avocat, et de Marie Menu de Rochemont.

Nommé maire provisoire à Dijon le 26 mars 1815, il fut renvoyé en cour d'assises, par arrêt de la chambre des mises en accusation du 16 mars 1815, avec le général Veaux et le receveur général Lejéas comme coupables d'avoir favorisé le retour de l'empereur : le procès se termina par l'acquittement de tous les accusés.

Député le 20 septembre 1817 et plusieurs fois réélu il siégea aussi au conseil général jusqu'au 1er août 1852. Rentré dans la vie privée, il mourut à Dijon, le 17 février 1858. Son nom a été donné à l'ancienne rue Madeleine.

(33) Claude-Nicolas Amanton, né à Villers-les-Pots, le 20 janvier 1760, fils de Claude Amanton, négociant et de Marguerite Hacle, épousa à Dijon, le 11 septembre 1787, Marie Seguenot, fille de Jacques Seguenot, procureur au parlement, et de Marguerite Humbert.

Maire d'Auxonne en 1806, conseiller de préfecture à Dijon, le 12 juin 1814, chevalier de la Légion d'honneur en 1814, il resta en fonctions jusqu'à la révolution de 1830 et fut remplacé le 31 août. Il se retira au château de Meudon dont son fils Ferdinand Amanton avait été nommé lieutenant du roi par Louis-Philippe : il y mourut le 28 septembre 1835.

Amanton était un lettré ; pendant sa longue existence ses études se sont portées sur les sujets les plus divers. La *Galerie bourguignonne* de MM. Muteau et Garnier donne la liste complète de tous les ouvrages publiés par lui.

(34) Jean-Baptiste Petitot, né à Dijon le 26 décembre 1743, fils de François Petitot, procureur au parlement et de Anne-Jacquette Haguenlèce, épousa Michele Clerc, fille de Claude-Bernard Clerc, avocat, et d'Elisabeth Cortot.

Adjoint au maire de Dijon, chevalier de la Légion d'Honneur, il fut nommé conseiller de préfecture le 2e jour complémentaire an XIII.

Révoqué à la Restauration, il mourut à Dijon, le 17 octobre 1816.

(35) Pétronille-Marie Baudot, née à Dijon le 28 juin 1746, fille de Pierre Baudot, écuyer, et de Reine Larcher, épousa à Dijon, le 4 septembre 1761, Pierre-Bernard Ranfer de Bretenières, né à Dijon le 20 octobre 1740, fils de Simon Ranfer de Monceau et de Marie-Geneviève Vaudremont ; conseiller maître à la Chambre des comptes le 5 octobre 1762, maire de Dijon le 9 mai 1802, il mourut le 26 janvier 1806 du typhus qu'il avait pris en visitant les prisonniers de guerre de la caserne des Capucins alors ravagée par l'épidémie. Mme de Bretenières mourut à Dijon le 4 mars 1820

8*

(36) Claudine-Charlotte Lemulier de Bressey, née à Dijon le 9 octobre 1784, fille de Jean Lemulier de Bressey, conseiller au Parlement le 3 mars 1761 et de Claudine Charlotte Coujard de la Verchère, épousa à Dijon, le 13 brumaire an XI, Claude-Marc-Armand-Elisabeth de Pradier, marquis d'Agrain.

Elle mourut à Dijon le 26 avril 1855.

(37) Bernarde-Antoinette Damotte, née à Dijon le 10 septembre 1784, fille de Pierre Damotte, receveur général, et de Bernarde Frantin, épousa à Dijon, le 3 frimaire an X, Jean-Louis Lejéas, né à Montluel (Ain), le 31 décembre 1781, fils de Martin Lejéas, comte de l'empire, maire de Dijon de 1800 à 1802, sénateur le 18 août 1807, pair de France le 2 juin 1815, et de Philiberte Naigeon.

Jean-Louis Lejéas, receveur général de la Côte-d'Or, mourut à Dijon le 15 novembre 1830 et sa femme le 13 octobre 1868.

(38) Marie-Julienne-Fortunée Coedes avait épousé Bernard Dubard, payeur général à Dijon de 1806 à 1822.

(39) Anne-Marie-Laurence Richard de Montaugé, née à Dijon le 27 mai 1783, fille de Charles Richard de Montaugé, conseiller au parlement et de Anne-Barbe-Charlotte de Migieu, épousa à Dijon, le 20 nivôse an XIII, Anne-Ferdinand d'Esterno, né à Paris le 17 juin 1771, ancien capitaine de cavalerie, fils d'Antoine-Philippe Régis d'Esterno, ambassadeur à Berlin et d'Adélaïde-Honorée Hennequin d'Ecquevilly.

(40) Pierrette Petit, fille de Claude Petit, conseiller au présidial de Chalon-sur-Saône et de Marie Journet, épousa à Esbarres, le 23 novembre 1790, Claude-Auguste Durande, docteur en médecine, maire de Dijon, fils de Jean-François Durande, docteur en médecine et de Claudine Tyron.

(41) Jeanne Ligeret avait épousé Pierre-Jacques-Barthélemy Guenichot de Nogent, né à Dijon le 1er mai 1766, fils de Jacques-Philibert Guenichot de Nogent, conseiller au parlement, et de Jeanne Depize.

Conseiller le 9 janvier 1786, et arrêté comme suspect, il fut envoyé au tribunal révolutionnaire de Paris par le représentant Pioche Fer Bernard, condamné à mort et guillotiné le 1er floréal an II, à l'âge de 27 ans.

(42) Jeanne-Marguerite Champagne, née à Dijon le 17 avril 1773, fille de François Gérard Champagne, négociant et de Marie-Josèphe Muys, épousa à Dijon, le 20 frimaire an VIII, J.-B. Champagne, né à Dijon, le 1er octobre 1770, fils de Jean-Marie Champagne et de Philiberte Desulau.

(13) Claude-Françoise-Caroline Dornier, née le 26 décembre 1780, fille de M. Dornier, maître de forges dans la Haute-Saône, épousa Antoine-Martin, comte Lejéas, directeur des contributions, maire d'Aiserey, fils du comte Martin Lejéas et de Philiberte Naigeon.

Elle mourut à Nice le 23 janvier 1866.

(14) Les brevets étaient ainsi conçus :

Marie-Louise, impératrice et reine, protectrice de la Société de la charité maternelle, voulant pourvoir à la composition du conseil d'administration de la Société de la charité maternelle pour la ville de Dijon, nous avons nommé et nommons membre dudit conseil, sur la présentation à nous faite, par le comité central de la société, M⁰ᵉ   bien informée que nous sommes qu'elle réunit les vertus, le zèle et les talents qu'exigent les fonctions de cette place ; et pour témoignage que telle est notre volonté, nous avons fait expédier le présent brevet que nous avons signé de notre main, et fait contre-signer par le grand aumônier de l'empire, secrétaire général de la Société de charité maternelle.

Fait au palais de Saint-Cloud, le 12ᵉ jour du mois de septembre de l'an de grâce 1812.

                    Signé : Louise
                    Par l'impératrice,

Pour le grand aumônier de l'empire, secrétaire général de la Société de charité maternelle.

                    Signé : Louis, évêque de Versailles,
                    secrétaire général substitut.

(15) Pierre Bounder, né à Dijon le 10 janvier 1780, fils de Laurent Bounder, apothicaire et de Marie Maufoux, épousa Bénigne Minard et mourut à Dijon le 24 avril 1847.

(16) Antoine Ormancey, né à Dijon le 21 septembre 1771, fils d'Etienne Ormancey, huissier audiencier, et de Madeleine Perrot, épousa, le 30 septembre 1810, Victoire-Françoise Tarnier, fille de Jean-Baptiste Tarnier, docteur en médecine et de Marguerite Ennux. Il mourut à Dijon le 18 juin 1820.

(17) A l'origine de la société, une seule sage-femme désignée pour toute la ville recevait une somme fixe pour la rémunération de ses soins.

Plus tard il y en eut deux, résidant dans des quartiers différents ; la société leur payait 3 francs par accouchement.

Le 6 décembre 1871, on revint à l'ancien système qui fut abandonné à nouveau : aujourd'hui huit sages-femmes sont désignées et reçoivent 7 fr. par accouchement.

(48) Pierre-Antoine Masson, né à Beaune le 10 mars 1778, pharmacien, fils de Barthélemy Masson, négociant, et de Philiberte Rougeot, épousa à Auxonne, le 25 thermidor an XIII, Pierrette Four, fille d'Antoine Four, négociant et de Françoise Henri.

(49) Jean-Joseph Milsand, né à Dijon le 25 septembre 1778, fils de Louis-Antoine Milsand, pharmacien, et de Catherine Cappel, épousa à Nuits, le 22 avril 1811, Claire Hélène Gillotte. Il mourut à Dijon le 17 novembre 1833. Son fils Charles-Philibert Milsand fut un des bienfaiteurs de la Société de charité maternelle.

(50) Augustin-Marie-Paul Pétronille de Cossé-Brissac, né à Paris le 13 janvier 1775, fils d'Hyacinthe Hugues-Timoléon de Cossé Brissac, sénateur, et de Marie-Louise-Antoinette-Charlotte-Françoise-Constance de Wignacourt, épousa, le 11 septembre 1795, Elisabeth-Louise de Molide et en second mariage, en avril 1828, Augustine de Brac Signy.

Comte de l'empire, le 20 février 1812, préfet de la Côte-d'Or le 1er mai suivant, pair de France le 4 juin 1814, duc de Brissac en 1815, il mourut le 8 avril 1848.

Armes : *Coupé : au 1er parti, de sable à un lion rampant d'argent lampassé de gueules et des barons préfets; au 2e de sable à 3 feuilles de scie (pour fasces denchées à leur partie inférieure) d'or posées en fasce.*

(51) À cette époque, le conseil central de la société était ainsi composé :

Présidente, l'impératrice ;

Vice-présidentes, la comtesse de Ségur et la comtesse Pastoret ;

Secrétaire-général, le cardinal Fesch, archevêque de Lyon, grand aumônier, ayant comme substitut le baron Charrier de la Roche, évêque de Versailles et premier aumônier de l'empereur ;

Trésorier général, le comte Dejean, grand trésorier de la Légion d'Honneur, ayant comme substitut le comte Jaubert, gouverneur de la banque de France.

Conseillers, le duc de Parme, prince archi-chancelier ; — le comte Laplace, chancelier du sénat ; — le duc de la Rochefoucault-Liancourt ; — le comte de Ségur, sénateur, grand maître des cérémonies ; — le comte Pastoret, sénateur ; — le comte Chaptal de Chanteloup, trésorier du Sénat ;

Membres du conseil central : Mmes Dupont de Nemours, Gauthier, Grivel, Riffault, comtesse Portalis et baronne Pasquier.

(52) L'adresse était ainsi conçue :

A Son Altesse Royale, Madame la duchesse d'Angoulème :

Le conseil d'administration de la Société de charité maternelle, pour la ville de Dijon était impatient de se réunir pour adresser à Votre Altesse Royale ses respectueux hommages et ses félicitations sur votre retour dans notre patrie si longtemps malheureuse de votre absence, et son premier acte depuis qu'a lui le grand jour de la justice divine est de satisfaire à ce besoin impérieux.

Daignez donc agréer, Madame, avec cette bonté qui caractérise si éminemment Votre Altesse Royale, et dont l'expansion journalière attendrit les cœurs vraiment français, daignez agréer la faible expression de nos sentiments et celle de nos vœux pour que de longs jours de bonheur succèdent aux trop longs jours de deuil qui ont abreuvé d'amertume les plus belles années de votre existence.

S'il ne faut, Madame, pour que ces vœux se réalisent, que l'amour des Français pour votre auguste personne, pour celle du roi votre oncle bien-aimé et notre bon maître, et pour toute la famille royale; s'il ne faut que la fidélité inviolable que la nation a déjà jurée du fond du cœur à l'illustre maison de Bourbon, dont votre Altesse Royale est l'ornement et l'espérance, vous serez, n'en doutez pas, Madame, la plus heureuse des princesses du monde, comme vous en êtes l'une des plus vertueuses et des plus grandes.

Il nous reste, Madame, un autre vœu à vous exprimer.

Voués à l'exercice de la charité chrétienne envers les pauvres femmes en couche et leurs enfants, cette portion si intéressante de l'humanité, nous avons à nous applaudir des bons effets qu'a produits sous nos yeux l'institution dont nous faisons partie. Si nous avons fait quelque bien dans des temps dont le souvenir est déjà loin de notre pensée, parce que le présent et l'avenir captivent toute notre attention, que ne devrions-nous pas nous promettre, Madame, si reconnaissant une trace de bien au milieu de tant de maux, votre Altesse Royale daignait se mettre à la tête de la Société de charité maternelle. Cette institution, digne par son pieux objet d'être maintenue sous le régime qu'assure enfin aux Français leur père sur le trône, deviendrait bientôt, Madame, sous l'auguste protection de votre Altesse Royale, une source intarissable de bien.

Nous pensons, Madame, par ces derniers mots, avoir attaqué votre cœur royal, par l'endroit le plus sensible, et nous concevons la respectueuse espérance du succès d'un vœu non moins ardent qu'aucun de ceux que toute la France dépose chaque jour aux pieds de votre Altesse Royale.

Nous sommes avec le plus profond respect, Madame, de votre Altesse Royale, les très humbles, très obéissants et très dévoués servantes et serviteurs.

Ont signé : Mme Ranfer de Bretenières, Mme la marquise d'Agrain, Mme de Nogent, Mme Champagne, Mme la comtesse d'Esterno, Mme la baronne Durande, M. le marquis d'Agrain, M. Amanton.

La réponse à cette adresse, datée du 24 mai 1814, fut l'ordonnance du 31 octobre suivant qui supprimait les sociétés de charité maternelle en province.

(53) Claude-Joseph Durande, né à Dijon le 20 janvier 1764, fils de Jean-François Durande et de Claudine Tyran, épousa à Esbarres (Côte-d'Or), le 23 novembre 1790, Pierrette Petit, fille de Claude et de Marie Journet.

Docteur en médecine, maire de Dijon en 1806 et en 1816, il mourut à Cluny, le 10 février 1835.

Créé baron de l'empire le 7 janvier 1814, il reçut le même titre le 16 avril 1825.

Armes : *Parti : au 1er d'or à la tour crénelée de sable maçonnée et ouverte d'argent, à la bordure d'azur : au 2 d'argent au chevron de sinople accompagné en chef de deux branches d'olivier de sinople, et en pointe d'une verge de sable accolée d'un serpent de sinople, à la champagne de gueules chargée du signe des chevaliers légionnaires soutenant le parti.*

(54) Les présidentes et vice-présidentes furent nommées par la duchesse d'Angoulème, par la reine Marie-Amélie et par l'impératrice Eugénie, protectrices et présidentes de la société.

Le 29 mars 1871, un arrêté du président du conseil, chef du pouvoir exécutif, autorisa les sociétés à élire elles-mêmes leurs présidentes et vice-présidentes, mais leur nomination devait être approuvée par le préfet.

(55) La société a reçu 300 fr. de Mme de Melfort, décédée le 12 mai 1845 ; 500 fr. de M. le Dr Bounder, décédé le 24 avril 1847 ; 300 fr. de Mme d'Aisy, décédée le 13 février 1850 ; 200 fr. de Mme Champagne, décédée le 21 janvier 1852 ; 1000 fr. de Mme de Machéco, décédée le 29 décembre 1870 et 1000 fr. de M. Ahlsand, décédé le 13 février 1893.

(56) Le décret était ainsi conçu :

Au nom du peuple français,

Le président de la République,

Sur le rapport du ministre de l'intérieur,

Vu la demande formée par la Société de charité maternelle de Dijon,

L'avis du conseil municipal de cette ville et celui du préfet de la Côte-d'Or,

Le conseil d'État entendu :

Décrète :

Art. 1er. — La Société de charité maternelle de Dijon est reconnue comme établissement d'utilité publique.

Art. 2. — Sont approuvés les statuts de cette société tels qu'ils demeurent annexés au présent décret.

Art. 3. — Le ministre de l'intérieur est chargé de l'exécution du présent décret.

Fait à Paris, au palais de l'Elysée national, le 31 mai 1850.

Signé : L.-N. BONAPARTE.

Le ministre de l'intérieur,

Signé : J. BAROCHE.

Pour ampliation,

Le secrétaire général, *signé :* A. BLANC.

(57) Pendant ces 22 ans, aucun changement ne se produisit dans l'administration de la société, sauf en ce qui concerne les assemblées générales annuelles : tombées en désuétude depuis fort longtemps, elles ont été rétablies en 1872 : la première a eu lieu le 7 février 1872.

(58) A l'occasion de son mariage l'Impératrice Eugénie a donné une somme de 100,000 fr. à répartir entre toutes les sociétés de charité maternelle de France. Celle de Dijon a reçu 1000 fr.

(59) Aujourd'hui les grands secours comprennent : 1o Une somme de 7 francs allouée pour frais de couches ; 2o une autre somme de 15 francs mise à la disposition de la dame visitante pour être employée, sous sa surveillance, à procurer à l'accouchée les divers objets dont elle peut avoir besoin pendant les six premiers mois de la vie de l'enfant ; 3o une layette d'une valeur de 16 francs environ et un berceau du prix de 4 francs.

Les petits secours se bornent à la layette, au berceau, aux 7 francs destinés aux frais de couches et enfin à une somme de 15 francs mise à la disposition de la dame visitante.

(60) Voir note 35.

(61) Françoise Baron, née à Dijon le 18 août 1768, fille de Jean-Baptiste Baron, avocat général à la chambre des comptes, et de Françoise Roy, épousa : 1o Charles Antoine Delaporte d'Anglefort, capitaine d'artillerie, fils de François-Joseph Delaporte et de Jacqueline Carroly de Bussy, décédé à Dijon le 30 septembre 1812, et 2o le 7 mai 1817 à Dijon, Louis-Edouard-Geneviève Drummont de Melfort, capitaine d'état-major de la 18e division militaire, fils de Louis-Hector Drumont, comte de Melfort, lieutenant-général des armées du roi et de Jeanne-Elisabeth Delaporte.

Mme de Melfort mourut à Dijon le 12 mai 1845.

(62) Agathe-Augustine de Brosses, née à Dijon le 5 février 1768, fille de Charles de Brosses, comte de Tournay, baron de Monfalcon, premier président au parlement de Bourgogne, et de Jeanne-Marie Legouz de Saint-Seine, épousa à Dijon, le 4 mars 1788, en la cha- pelle de l'hôtel de Saint-Seine, Charles-Esprit, baron Dubois d'Aisy, maréchal de camp, fils de Louis Dubois d'Aisy et de Louise-Marie Gilberte Menu de la Ferté ; elle mourut à Dijon le 13 février 1850.

(63) Elisabeth-Pauline de Brosses, née à Dijon le 9 septembre 1775, sœur de la précédente, épousa à Dijon, le 3 floréal an XII (23 avril 1804), Guy-Hugues de Macheco, né à Dijon le 21 mars 1752, fils de Chrétien-Gaspard de Macheco et de Guy-Marie-Théo- dorine Lenet-Larrey.

Elle mourut à Dijon le 29 septembre 1870.

(64) Marie-Louise-Elisabeth Pelletier de Cléry, née à Dijon le 14 décembre 1808, fille de Louis-Victor-Elisabeth Pelletier de Cléry et de Louise-Aimée de Beaurepaire, épousa à Dijon, le 27 avril 1829, Louis-Antoine de Berbis, fils de Théodore-Charles de Berbis, chef de bataillon et de Françoise-Jeanne Moussière. Elle mourut à Dijon le 25 mars 1899.

(65) Voir note 36.

(66) Voir note 42.

(67) Voir note 38.

(68) Voir note 40.

(69) Voir note 39.

(70) Voir note 37.

(71) Voir note 43.

(72) Voir note 41.

(73) Le comte de Tocqueville, préfet de l'Oise, le 12 juillet 1815, préfet de la Côte-d'Or, le 31 janvier 1816 et installé le 26 février suivant, fut nommé le 19 février 1917 préfet de la Moselle.

(74) Jeanne-Virginie Guenichot de Nogent, née à Dijon le 23 plu- viôse an II, fille de Pierre-Jacques-Barthélemy Guenichot de Nogent, ancien conseiller au parlement de Dijon, mort à Paris sur l'écha- faud révolutionnaire le 1er floréal an II, et de Jeanne Ligeret, épousa à Dijon, le 2 février 1813, Jean-Baptiste-François-Marie de Montherot, fils de Pierre de Montherot, ancien conseiller au par- lement de Dijon, et de Jeanne-Claudine-Louise-Françoise Etiennette Grimod Heneon de Rivière.

(75) Caroline-Elzéarine-Alexandrine d'Arbaud-Joucques, née à Aix (Bouches-du-Rhône), le 31 juillet 1808, fille de Joseph-Charles-

André, marquis d'Arbaud-Joucques, préfet de la Côte-d'Or, puis des Bouches-du-Rhône, et d'Adolphine-Marie-Charlotte-Rafelis de Saint-Sauveur, épousa à Dijon, le 5 novembre 1829, Joseph-Armand Sabatier, baron de Lachadenède, né à Castres le 29 thermidor an XII (17 août 1804), fils de Paul-Joseph-Jean-Baptiste-Charles Sabatier de Lachadenède et de Marie-Louise-Antoinette Sophie Pichot de Lespinasse.

Préfet de la Côte-d'Or du 19 février 1817 au 21 février 1819, M. de Lachadenède mourut à Dijon le 31 décembre 1878 et sa femme le 5 juin 1860.

(76) Marie-Joséphine-Fortunée Dubard, née à Besançon le 15 pluviôse an III (13 février 1795), fille de Bernard Dubard, payeur général de la 18e division militaire et de Julienne-Fortunée Coedes, épousa à Dijon, le 9 juin 1813, Joseph de Colomb, payeur du trésor impérial du département de la Haute-Vienne, né à Metz le 7 septembre 1785, fils de Pierre de Colomb, ancien capitaine de grenadiers au régiment d'Aunis-Infanterie et de Anne-Agathe-Marguerite Mathis.

M. de Colomb succéda à son beau-père dans les fonctions de payeur de la 18e division militaire.

(77) Claude-Elisabeth, baron Nau de Champlouis, pair de France, conseiller d'Etat, préfet du Pas-de-Calais, préfet de la Côte-d'Or, le 7 juin 1840, fut remplacé le 8 mars 1848 par James-Demontry, commissaire extraordinaire du gouvernement provisoire.

(78) Louise-Jeanne-Madeleine Gohier épousa Antoine-François-Eugène Merlin, comte de l'Empire, le 20 mars 1812, général le 11 juillet 1813, lieutenant-général en 1832, pair de France le 7 novembre 1839, grand officier de la Légion d'Honneur, né à Douai le 27 décembre 1778, fils de Philippe-Antoine Merlin, dit Merlin de Douai et de Brigitte-Jeanne-Joséphine du Monceaux.

Le général Merlin mourut à Eaubonne (Seine-et-Oise), le 29 avril 1854, après avoir commandé la 18e division militaire de 1835 à 1846, et sa femme à Paris, le 15 février 1853.

(79) Le baron du Kermont, maréchal de camp, commanda le département de la Côte-d'Or de 1837 à 1846.

(80) Marie-Anne-Angélique Berbis de Rancy, née à Dijon le 3 octobre 1810, fille de Bénigne-Marie Berbis de Rancy et d'Adélaïde-Françoise-Jeanne de Boistel, épousa, le 11 mars 1830, à Dijon, Bénigne-Etienne-Joseph-Jean-Philippe Legouz, marquis de Saint-Seine, né à Dijon le 4 mars 1805, fils de Bénigne-Alexandre-Victor-Barthélemy Legouz de Saint-Seine et de Catherine-Claude Esmonin de Dampierre.

Le marquis de Saint-Seine mourut à Dijon le 18 mai 1866 et sa femme à Paris le 8 mai 1851.

(81) Marie-Gabrielle Rohault de Fleury, fille de Hubert Rohault de Fleury, lieutenant-général en 1831, pair de France, le 7 novembre 1837, grand-croix de la Légion d'honneur, et de Anne-Catherine-Marguerite-Honorine de Sèze, fille du défenseur de Louis XVI, épousa Adrien Leroy de la Tournelle, fils de Louis-Ferdinand-Claude-Joseph Leroy de la Tournelle et de Marie-Rose Alexandrine Despinay.

Né le 1er ventôse an XI (20 février 1803), à Lyon, M. de la Tournelle fut premier président à Dijon du 28 avril 1843 au 21 mars 1848,. et mourut à Coligny (Ain), le 22 août 1860. Sa femme mourut à Menton le 18 novembre 1861.

(82) Marie-Victorine Zagu avait épousé Nicolas-Martin Vesco, maréchal de camp, qui commanda le département de la Côte-d'Or de 1847 à 1851.

(83) M. Pagès, préfet de la Côte-d'Or, le 10 janvier 1849, fut nommé le 7 mars 1851 dans l'Ille-et-Vilaine.

(84) Caroline de Cheppe, née à Verdun, fille de Charles de Cheppe, ancien officier de cavalerie, et de Jeanne-Joséphine de Brouyer, épousa à Dijon, le 8 juin 1835, Louis-Charles-Ernest Genin, avocat, né à Nancy, fils de Jean-Antoine Genin, payeur du département de la Meurthe et de Marie-Olympiade Mouette.

(85) Louise-Bonaventure-Noémi de Folin, née à Corcieux (Vosges), le 19 août 1817, fille de Louis de Folin et d'Ursule Caroline de Truchis de Lays, épousa à Dijon, le 3 novembre 1851, Pierre-Arthur Morelet, né au château de Lays (Saône-et-Loire) le 21 août 1809, fils de Pierre-Théodore Morelet, ancien maire de Dijon et d'Ursule-Guilhelmine-Hortense de Truchis de Lays.

M. Morelet mourut au château de Velars le 9 octobre 1892 et sa femme au même lieu le 17 septembre 1886.

(86) Elisa Saint, née en 1799, décédée à Besançon, le 8 juin 1883, avait épousé à Torpes (Doubs), le 10 août 1819, Etienne-François Muteau, né à Dijon le 5 ventôse an III (23 février 1795), fils de François Muteau, notaire, et de Thérèse-Elisabeth Quentin.

Député de la Côte-d'Or de 1831 à 1848, M. Muteau fut premier président à Dijon du 21 mars 1848 au 26 octobre 1864, et prit sa retraite à cette époque.

Son petit-fils, M. Alfred Muteau, est aujourd'hui député de la Côte-d'Or.

(87) Anne-Jeanne-Baptiste-Marie Lautin de Montcoy, née à Chalon-

sur-Saône, le 13 décembre 1807, fille d'Antoine, baron Lantin de Montcoy et de Rosalie-Marie-Antoinette de Beuverand La Loyère, épousa, à Chalon-sur-Saône, le 1er juillet 1829, Simon-Eugène-Marie-Edmond Ranfer de Bretenières, né à Dijon le 1er juin 1804, fils de Simon-Pierre-Bernard-Marie Ranfer de Monceau, baron de Bretenières, premier président à Dijon du 14 août 1815 au 19 septembre 1839 et de Françoise-Céline Champion de Nansouty.

M. de Bretenières mourut à Dijon le 25 janvier 1882 et sa femme le 20 mars 1886.

Leur fils aîné Simon-Marie-Antoine-Just, né à Chalon le 28 février 1838, missionnaire, fut martyrisé à Seoul en Corée, le 8 mars 1866 ; son frère Simon-Antoine-Marie-Christian entra dans les ordres et se consacra à la direction de la maison d'éducation connue et justement appréciée à Dijon sous le nom d'école Saint-François-de-Sales.

(88) Jean-Alexandre-Romain Fortuné, baron de Bry, préfet des Deux-Sèvres, fut nommé à Dijon le 7 mars 1851 et y resta jusqu'au 16 octobre 1865.

(89) Charles-Raoul-Edmond Duval, né à Amiens le 6 mars 1807, fils de J.-B. Nicolas-Marie-Augustin Duval, conseiller à la Cour et d'Adélaïde-Flore Maressal, fut procureur général à Dijon du 6 janvier 1849 au 23 octobre 1852. Nommé aux mêmes fonctions à Orléans et ensuite à Bordeaux, il devint premier président de cette Cour le 3 octobre 1861.

(90) Catherine-Agathe Retz, née à Dijon le 24 vendémiaire an V (15 octobre 1796), fille de Jean-Reine Retz, avocat et de Catherine Gueniard, épousa à Dijon, le 21 juillet 1817, Sébastien Morel, né à Dijon le 12 avril 1787, fils de Bernard Morel et d'Angélique-Aline-Christine Rigoley.

Sébastien Morel mourut à Dijon, vice-président au tribunal et chevalier de la Légion d'honneur, le 21 août 1848 et sa femme le 20 octobre 1880.

Leur fils Louis-Pierre-Gabriel-Bernard, né à Dijon le 3 juin 1825, mort dans la même ville le 4 septembre 1899, connu sous le pseudonyme de Stop, a laissé la réputation d'un dessinateur habile, dont l'esprit observateur, non dépourvu d'une pointe sensible de malice, n'avait cependant ni méchanceté ni malveillance.

(91) Anne-Vetel-Marie de Douglas épousa le 14 mai 1839 Louis-François-Gabriel-Ange Chabanacy de Narnas, né à Lyon le 20 mars 1809, fils de Maurice-Gabriel-Ange Chabanacy et de Marie-Anne-Adelaïde de Marice.

Procureur général à Dijon du 23 octobre 1852 au 7 novembre

1855 il fut à cette époque nommé avocat général à la Cour de cassation.

(92) Antoinette Leroy épousa à Montbard Jean-Antoine Mongis, né à Saint-Cloud le 5 pluviôse an X (25 janvier 1800), fils de Jean-Henri Mongis et de Sophie Nadault; procureur général à Dijon du 7 novembre 1855 au 13 octobre 1859 il fut nommé à cette époque conseiller à la Cour de Paris.

(93) Sidonie-Élisabeth Lambert de Beaulieu épousa, le 4 juillet 1851. Gaspard-Camille Imgarde de Leffemberg, né à Sompuis (Marne), le 28 février 1821, fils de Jean-Louis-Henri-Victor Imgarde de Leffemberg et de Justine Abreuveux; procureur général à Dijon du 5 décembre 1861 au 14 février 1870, il fut nommé à cette époque aux mêmes fonctions à Rouen.

(94) M. Nevou Lemaire fut premier président à Dijon du 26 octobre 1861 au 31 décembre 1874 et fut nommé à cette époque aux mêmes fonctions à Rouen.

(95) Louis-Charles, baron Jeanin, né le 31 octobre 1812, fils de Jean-Baptiste Jeanin, baron de l'empire, le 15 août 1810, lieutenant général le 20 janvier 1815 et de Pauline-Jeanne David, seconde fille du peintre David, fut préfet de la Côte-d'Or du 16 octobre 1865 au 10 mai 1868, époque à laquelle il fut nommé conseiller d'état.

(96) Le comte Moraud de Callac, préfet de la Nièvre, nommé à Dijon le 16 mai 1868, passa le 23 octobre 1869 à la préfecture d'Ile-et-Vilaine.

(97) Julien Lefebvre, préfet d'Ille-et-Vilaine, fut nommé à Dijon le 26 octobre 1869. Révoqué au 4 septembre 1870, il fut remplacé par M. Louis-François d'Aзисourt, avocat à Dijon.

(98) Claudine-Françoise-Clémence Petiet, née à Besançon le 30 novembre 1803, fille de Louis-Robert Petiet, intendant militaire et de Anne-Charlotte-Ferdinande-Françoise-Joséphine Hainguel, épousa le 28 mai 1826, Jean-François Pitiot, fils de Ennemond Pitiot et de Jeanne-Marie Derocho, conseiller à Dijon le 7 mai 1831.

Mme Pitiot mourut à Dijon le 9 juillet 1883.

(99) Voir note 29.

(100) Voir note 30.

(101) Voir note 38.

(102) Voir note 76.

(103) Jean-Baptiste-César, comte de Sarcus, né à Mayenne en 1787, fils de César-Éléonore, comte de Sarcus, brigadier des armées du roi, capitaine des gardes françaises et de Jacqueline-Hyacinthe-Charlotte le Mesnager de la Dufferge, épousa à Dijon, le 17 septembre 1817, Bénigne-Victoire Espiard de Macon, fille de Jean-Baptiste-

Lazare-Pierre Espiard de Macon et de Augustine. Espiard de la Cour.

Mme de Sarcus était veuve en premières noces de Joseph-Louis Moussier.

(104) Voir note 80.

(105) M. Rondel fut caissier de la banque de France à Dijon, de 1855 à 1863.

(106) Joseph-Jean-Baptiste Girardin, né à Beaune le 9 novembre 1805, fils de Jean-Baptiste Girardin et d'Adelaïde-Joséphine Lombard, chef de bataillon en retraite, épousa Zénobie Chieusse de Combaud et en second mariage, Pierrette-Sophie Rousseau : il mourut à Dijon le 27 juillet 1878.

(107) Charles-Philibert Milsand, né à Dijon le 4 février 1818, fils de Jean-Joseph Milsand, apothicaire et d'Hélène Gillotte, sous-bibliothécaire de la ville, mourut à Dijon le 13 février 1892.

(108) Joseph-Antoine - Simon-Auguste - Georges - Louis - Jean-Baptiste-Edmond Levaillant d'Hautcour, né le 4 juillet 1777, secrétaire particulier du préfet, mourut à Dijon le 3 avril 1812. Il remplit les fonctions de secrétaire de la Société de charité maternelle depuis la première réunion jusqu'à la constitution du bureau.

(109) Voir note 32.

(110) Voir note 33.

(111) Jacques-Claude Couturier, né à Dijon le 23 septembre 1773, fils de Claude-Couturier, percepteur, et de Marguerite Guillemot, épousa le 12 brumaire an XIII Marie-Jeanne-Emilie-Philippe Enaux, née à Dijon le 25 octobre 1781, fille de Joseph Enaux, chirurgien et de Anne Gouget, Greffier en chef à la cour du 20 décembre 1818 jusqu'en 1851, il mourut à Dijon le 25 janvier 1853.

(112) Voir note 90.

(113) Jacques Grandet de Lavillette, né à Paris (6e arrondissement), le 10 août 1800, fils de Jacques-Nicolas Grandet de Lavillette, conseiller à la cour des aides, et de Françoise-Marie-Charlotte Bailly, épousa à Dijon, le 16 avril 1835, Marie-Charlotte-Stéphanie Champion de Nansouty, fille de Pierre-Marie-Eugène Champion de Nansouty, ancien lieutenant-colonel et d'Alix-Antoinette Herminie Dubois d'Alsy.

Il mourut à Dijon le 15 décembre 1881.

(114) Jean-Claude-Joseph-Paul-Foisset, né à Beaune le 14 juillet 1831, fils de Théophile Foisset, conseiller à la cour de Dijon, et de Marguerite-Marie-Eugénie Sordet, épousa à Lons-le-Saulnier, le 12 juillet 1864, Marie-Joséphine-Angèle Jacquier, et mourut à Bligny-sous-Beaune le 31 novembre 1885.

(115) Alexandre-Edmond-Désiré Gauthier, né à Bastia le 23 mars 1825, fils de Jean-Alexandre-Gauthier et de Françoise Schlick, intendant militaire, officier de la Légion d'honneur, épousa : 1° Jeanne-Claude-Marie-Marguerite-Céline Riduet et 2° Anne-Mathilde-Alice-Martin et mourut à Dijon, le 3 novembre 1898.

(116) Voir note 45.

(117) Voir note 46.

(118) Dominique Rathelot, né à Dijon le 19 novembre 1781, fils de Bénigne Rathelot et d'Anne Vautrin, épousa à Paris, en nivôse an XII, Louise-Geneviève Moynat d'Auxon, fille de Jacques-Nicolas Moynat d'Auxon, ancien général de brigade, et mourut à Dijon le 24 novembre 1839.

(119) Benoît Fourrat, né à Beaune le 2 mai 1797, fils de Jean-Baptiste-Marie Fourrat et d'Elisabeth-Julie Millot, épousa à Dijon, le 7 octobre 1831, Henriette-Stéphanie Gouget, fille de Henri-Nicolas-François Gouget, avocat, et de Marie-Espérance Bonne et mourut à Dijon, le 28 août 1881.

(120) Jean-Baptiste-Victor Gruère, né à Dijon, le 20 février 1823, fils de Nicolas Gruère et de Geneviève Guichard, épousa Julie-Alphonsine Benet et mourut à Dijon le 12 mars 1898.

(121) Urbain-René-Jules Boucher, né à Courtalain (Eure-et-Loir), le 21 novembre 1811, fils de Jean-René Boucher et de Madeleine-Anne-Françoise Fusil, épousa Stéphanie-Antoinette Clémencet et mourut à Dijon le 2 janvier 1875.

(122) Jean-Auguste Vallée, né à Dijon le 5 février 1797, fils de Jean-Baptiste Vallée, officier de santé et d'Anne Combet, mourut célibataire à Dijon, le 21 mai 1866.

(123) François-Numa Moyne, né à Dijon le 1er mai 1812, fils de Gaspard-Louis Moyne, ancien notaire et de Françoise-Cécile Derzoulin, épousa à Dijon, le 5 novembre 1843, Anne-Louise-Nicolas Benoît, fille de Etienne Benoît, conseiller à la Cour et de Catherine-Alexandrine Larché et mourut à Dijon le 11 juillet 1881.

(124) Antoine Petit, né à Dijon le 8 janvier 1832, fils de Jean-Baptiste Petit et d'Anne Chauvenet, épousa à Dijon, le 31 décembre 1856, Marie-Catherine-Léontine Monin, fille de François Monin, ancien notaire et d'Anne Corbeton et mourut à Dijon le 6 mai 1886.

(125) Voir note 48.

(126) Voir note 49.

(127) Jean-Joseph Tilloy, né à Paris le 3 novembre 1775, fils de Joseph Tilloy et d'Angélique Pagnest, épousa, à Dijon, le 3 fructidor an XII, Legère Joannis, fille de Louis-François Joannis, horloger à Dijon et mourut le 20 avril 1857.

(128) Michel-Simon-Adolphe Rolland, né à Bourg (Ain), fils de Jean-Baptiste Rolland et de Laure Chaffanel, épousa à Dijon, le 28 octobre 1833, Marie-Alexandrine Halein, fille de Alexandre Halein et de Gabrielle-Marie Brazier.

(129) Par une lettre en date du 27 août 1810, M. de Montalivet fait connaître au duc de Bassano que, dans son rapport du même jour, il a recommandé à l'empereur les dames ayant fait partie de l'ancienne société et plus spécialement Mme de Fougeret pour laquelle il sollicite une pension.

Ruinée par la révolution, elle est, dit-il, dans la plus grande gêne et éprouve un vif regret de ne pouvoir se faire inscrire parmi les souscripteurs.

Ayant appris la reconstitution de la charité maternelle faite par Napoléon Ier, elle écrivait avec gaieté, qu'entre toutes ses filles, une seule avait fait fortune, qu'elle était introduite à la cour, mais qu'aussi elle méconnaissait sa mère.

A cette époque 582 dames s'étaient fait inscrire pour une somme annuelle de 500 francs au moins et le chiffre total des souscriptions s'élevait à 523.188 francs.

(130) La minute du projet de décret a été corrigée de la main même de l'empereur.

(131 Une observation placée en tête des modèles de statuts fait connaître que les sociétés de charité maternelle ne sont destinées qu'aux femmes mariées, les secours aux filles-mères étant assurés par les administrations départementales.

www.ingramcontent.com/pod-product-compliance
Lightning Source LLC
Chambersburg PA
CBHW052221270326
41931CB00011B/2436